Geliebtes Tegernseer Tal

Mit 79 Farbfotos und Texten von
R. Peter Bachhuber

Oreos Verlag

3. Auflage 1991

© 1985 OREOS Verlag GmbH, 8176 Schaftlach
Produktion: Verlagsbüro Walter Lachenmann, Schaftlach
Reproduktion der Farbbilder: eurocrom 4, Treviso
Satz und Druck: Appl, Wemding
Einband: Ludwig Auer, Donauwörth
Printed in Germany   ISBN 3-923657-12-9

Inhalt

Statt eines Vorworts
Seite 6

Zwischen Badebucht und Bergidyll
Seite 7

Über 1200 Jahre glanzvolle Geschichte
Seite 15

Herrgott, Brauchtum, frohe Feste
Seite 21

Von Mönchen zum Jetset – Prominenz am Tegernsee
Seite 29

Bildteil
Seite 32

Die Gemeinden des Tegernseer Tales
Seite 97

Literaturnachweis
Seite 104

Statt eines Vorworts

Geliebtes Tegernseer Tal,

unter wolkenheiterem Himmel darfst du dich im Kleid blühender Wiesen rund um den glitzernden See mit Recht zu den schönsten Landschaften Europas zählen. Gepriesen sei jener Geniestreich der Natur, der dich so gekonnt in den Faltenwurf des grünen Voralpensaumes bettete: halb noch in strenge Bergszenerie, halb schon in sanft ausschwingendes Hügelland, wo sich die beiden Gegensätze vermählen zu unvergleichlicher Harmonie.

Die Zahl derer, die der Faszination deines Sees alljährlich aufs Neue verfallen, will kein Ende nehmen. Sie alle eint die Liebe zu deiner Schönheit, die in farbigsten Facetten aufleuchtet und mit landschaftlichem Reiz, lebendigem Brauchtum und anspruchsvollem Erholungsangebot jedem deiner Gäste gerecht wird: Wanderern am Busen der Natur, Bergbahnfahrern und Gipfelträumern, Drachenfliegern, Sonntagsseglern, Brettlnarrischen, Genesenden in stillen Sanatorien, Jetsetern, Bräustüberlpilgern, Glücksjägern an Wiessees Roulette-Tischen, Kunsteleven, Genießern barocker Lebensfreude – und schließlich all jenen, die dich stolz ihre Heimat nennen dürfen.

Dies Buch versucht, deine Freunde nah und fern an deinen Zauber bildhaft zu erinnern.

Zwischen Badebucht und Bergidyll

Welches der vielen Stimmungsbilder entwerfen, um Euch Zuhausegebliebenen den Zauber dieser Landschaft wortgerecht vor Augen zu führen? Womit beginnen?
Mit weißblauer Pracht später Maitage? Während der südliche Föhnwind zum letzten Gefecht gegen winterliche Kälte versammelt, auf altschneekalten Wiesen des Kreuther Winkels noch die Soldanellen im Winde läuten, hat südliche Wärme des Talgrundes die Blütenkandelaber der Kastanienbäume entzündet, unter deren Patronat schäumende Bierkrüge und Miesbacher Käse elementare Genüsse versprechen. Im Sonnenglast schimmert die Kette der Blauberge so unerreichbar, als läge hinter ihnen das Mittelmeer.
Die Farbfülle des Sommers skizzieren, das Idyll des Seeufers und seiner Badetage mit dem Geruch von hitzemüdem Schilf und Kalmusrohr? Dunstentrückt ruht der Bergprospekt. Fernab der neapelgelbe Farbtupfer des Schlosses; über Neureuth und Baumgarten hingehauchte Wölkchen. Nichts Schöneres ist vorstellbar, als sich mit geschlossenen Augen in den Schlaf geleiten zu lassen von der »Musik« lachender Kinder und im Wind flatternder Segel, um wieder im Tegernseer Blau zu erwachen, das nur im Rot blütenschwerer Holzbalkone und blendend weißer Geometrie der Kirchtürme seine Zäsuren erfährt.
Oder doch die gültigste aller Perspektiven beschwören, der Kobell malerische Unsterblichkeit verlieh, jenen Herbstblick auf den See, den einzig der Freisitz in Kaltenbrunn nach Süden gewährt? Wolkenloser Himmel: Kaiserwetter. Zur Linken dehnt sich rascheltrocken der Gmunder Schilfwald des verlandenden Ufers; dahinter schwingt sich verspielt die Neureuth auf, von Oktobergold überschüttet, dem tannendunkler Kontrast so gut zu Gesicht steht. Ziegelroter Gruß einzelner Gehöfte. Zur Rechten versteckt sich Bad Wiessee, in den Überfluß seiner Baumrabatten gebettet, bevor schließlich am Talende der mächtige Thron des Wallbergs emporwächst, dessen Silhouette an die Melancholie eines erloschenen Vulkans erinnert. Silbern hingegossen ruht der See. Perfekter vermag man Landschaft nimmer zu träumen.
Doch wer ahnte schon, daß der Liebreiz dieses Tales im Dunkel der Vorzeit aus lebloser Kälte geboren wurde? Erst das Wissen um seinen geologischen Ursprung vermag neben dem Entzücken der Augen auch Verständnis für topographische Gegebenheiten, Fauna und Flora zu wecken und läßt den Zauber der beschworenen Bilder noch nachhaltiger wirken.
Wo heute die Harmonie landschaftlicher Proportionen den Betrachter erfreut, dehnte sich bis zur Jurazeit vor etwa 230 Millionen Jahren eine riesige Wüste, das Vindelizische Land, an dessen Küsten die Wogen des weltumfassenden Tethysmeeres anbrandeten. Fast 125 Millionen Jahre lang lagerte dieser zeitweise faunareiche Ozean, dessen Grund allmählich absank, Schlamm und Reste mariner Lebewesen in mehreren tausend Meter mächtigen Schichten ab. Diese sich langsam verfestigenden Sedimente bildeten das fossilienführende, spätere Kalkalpin, das fortan kontinuierlich nach Norden geschoben und dabei aufgefaltet wurde. Durch

Permanente Irritation der schutzbedürftigen Tierwelt läßt leider befürchten, daß das sensible, fein ausbalancierte Mobile von Fressen und Gefressenwerden aus der Balance geraten könnte, und das biologische Herz des Sees durch menschliche Gedankenlosigkeit dauerhaften Schaden nimmt.

Neben frei zugänglichen Uferbereichen am Egerer Schorn, dem Ringsee, in Kaltenbrunn und der Tegernseer Point bieten die Ortschaften mit einer Reihe hübscher bewirtschafteter Strandbäder beste Voraussetzungen für Badefreaks, die die Labsal klaren, aber mitunter empfindlich kalten Bergwassers zu schätzen wissen. Etliche Bootsverleihe sorgen für vielfältige Wassersportmöglichkeiten. Und wer Lust hat, kann sich in der Gmunder Segelschule seine ersten Lorbeeren verdienen oder von einem Weltmeister im Windsurfen unterrichten lassen.

Außer dem faszinierenden Reich des Sees und dem vielseitigen Freizeitangebot der fünf Seegemeinden verdienen vor allem jene Gebiete des Tales das Interesse des Besuchers, die sich die Unschuld intakten bäuerlichen Kulturlandes bis heute zu bewahren wußten. Sie verdanken ihren malerischen Reiz der harmonischen Einbeziehung alter oberbayerischer Architektur in liebliches, großzügig vermessenes Weideland und lassen viele der jungen Bausünden vergessen. Wehmütig vor Nostalgie möchte man werden, wenn man an einem Frühsommertag durch die farbenprächtigen Wiesen der Gmunder Peripherie streift: Der pastorale Frieden von Eben, Schwärzenbach oder Gasse nimmt auch das Herz des eingefleischtesten Städters gefangen. Da reiht sich »heiles« Bild an Bild, wechseln idyllische Ausblicke auf den See mit Einblicken in die brauchtumsstarke Welt mächtiger Bauernhöfe. Wegkreuze, Marterl, kleine Kapellen, malerische Heuschober, weidende Viehherden – man wird nicht müde, zu schauen. Mit ähnlich eindrucksvollen Perspektiven warten auch die anderen Ortschaften des Tales auf. So harrt in Tegernsee der Wiesenplan am Fuße des Pfliegelecks seines Entdeckers, den die Einsamkeit bäuerlicher Anwesen um den Lieberhof nicht weniger begeistern wird. Am gegenüberliegenden Ufer belohnen Altwiessee und vor allem die Gegend um Holz den Romantiker auf der Suche nach der verlorenen Zeit. Selbst das exklusive Rottach-Egern konnte in den Ortsteilen Staudach, Unterwallberg und Kühzagl seine Ursprünglichkeit bewahren; die Dorfsprengel Schärfen und Scharling seien als Kreuther Beispiele für unzerstörtes bäuerliches Kulturland genannt.

Viele dieser Dörfchen kuscheln sich malerisch in Wiesen zu Füßen der nahen Berge, deren liebliche Bachtäler zu erholsamen Wanderungen einladen: Der Tegernseer Alpbach führt hinauf zur Gindelalmschneid; die Sutten geleitet – vorbei an den Rottacher Wasserfällen und dem pittoresken See – zur weißen Valepp; in Wildbad Kreuth lockt die Langenau mit Ludwig Thomas Lieblingsalm, dem »Boaraibe«, und erschließt die Hofbauernweißach über Siebenhütten die düstere Szenerie der Wolfsschlucht. Schließlich läßt sich von Bad Wiessee über Söll-

und Schwarzenbachgrund der hintere Kreuther Winkel erobern. Für reichliche Atzung ist allemal durch mehrere bewirtschaftete Almen gesorgt.
Nicht nur mit grandiosen landschaftlichen Eindrücken, impressionistischem Licht sonnengefleckter Wege durch buntesten Mischwald, sondern auch möglichem Einblick in die farbstarke Welt der Gebirgsblumen und »Gottes grüne Apotheke« beschenkt solche Wanderung. Der Schatz heimischer Pflanzen zeigt sich weitgehend abhängig vom geologischen Profil und daraus resultierender Bodenbeschaffenheit. Während südlich der Weißach die humusarme Lechtaldecke durch verwitternden Plattenkalk und Hauptdolomit vorwiegend Hochgebirgspflanzen gerecht wird, begünstigt nördlich ein vielseitiges Mineralangebot fetter, lehmreicher Forst- und Wiesenareale eine reiche Mischwald- und Mittelgebirgsflora. Kleine Sensationen beschert die Natur mit dem »Schneeglöckerlfest« der Frühlingsknotenblume im Kühzagl, dichtbestickten Mehlprimel- und Enzianwiesen der Weißachauen, Frauenschuhkolonien an den Steildriften des Gerlosbaches, der sommerlichen Türkenbundblüte am Rottachdamm vor der Brandstatt. Vor allem das Ursprungsgebiet der jungen Weißach bietet dem Botaniker einen bunten Strauß reizender Bergblumen. Da findet sich trivialer Waldmeister neben dem seltenen Waldvögelein, gesellt sich buchsblättriges Kreuzkraut zu Aurikel und Silberwurz. Und das grandiose Schinderkar begeistert mit karmesinrot blühenden Alpenrosenfeldern, dem Schokoladenaroma seltener Brunellen und der unvergleichlichsten aller duftenden Pflanzen: dem seltenen und tödlich giftigen Steinröserl.
Allen eher genußorientierten Naturfreunden sei verraten, daß sich in den Tegernseer Wäldern mit Geschick nicht nur Heidel- und Walderdbeeren, sondern auch wohlschmeckende »Recherl«, Steinpilze, Reizker, Maronenröhrlinge, Birken- und Parasolpilze aufspüren lassen. Nähere topographische Details sollte man dem Autor aus wohl verständlichen Gründen erlassen...
Dank der Wiederentdeckung der Heilpflanze verdient eine Vielzahl heiltherapeutisch-nutzbarer Kräuter des Tegernseer Landes die Aufmerksamkeit des Wanderers, wie Pestwurz, Johannis-, Lungen-, Schöllkraut, Augentrost, das Silbermanterl, die mittlerweile recht selten gewordene Arnika, aber auch die arzneilich genutzten Giftpflanzen wie Eisenhut, Maiglöckchen, Seidelbast und Tollkirsche. Im Fettkraut und Sonnentau finden sich Vertreter fleischfressender Gewächse, deren Artverwandte durch Enzymforschung und – umstrittene – Anwendung bei Krebserkrankungen in den Blickpunkt der modernen Medizin geraten sind.
Auch die Geologen und Fossiliensammler kommen in der Tegernseer Bergwelt auf ihre Kosten. Ihnen erschließt sich vor allem im Kreuther Winkel die Sedimentsvielfalt der alpinen Triasstufe mit Buntsandstein, Muschelkalk, Partnach-, Raiblerschichten, dem Hauptdolomit, Plattenkalk, Kössener Schichten und Oberrätkalk, aber auch des oberbayerischen Jura mit

Liasfleckenmergeln, Doggerkiesel-, Oberjurakalk (sog. »Tegernseer Marmor«) und Aptychenschichten. Flyschablagerungen lassen sich gut in der Nähe des Tegernseer Bahnhofs und im Wiesseer Zeiselbachgrund verfolgen, die Neureuth überrascht mit Sedimenten des Helvetikums, und nördlich von Gmund beginnt die kohlereiche Molasse. Vorzügliche Fundstellen für Fossilien bieten vor allem der Wallberg mit dem Mittertaler Graben, Roß- und Buchsteinbereich, die Hochplatte, hinter der Bodenschneid gelegene Almen und der Schmeroldgraben des Mangfalltales.

Wanderfreunden, die hoch hinaus wollen, gerät die Wahl unter den vielen attraktiven Tegernseer Hausbergen freilich zur Qual. Ob gemütliche »Hatscher«, Bergbummler, Gipfelstürmer oder gar »Felsakrobaten« – für sie alle ist gesorgt. Einlaufen läßt's sich recht bequem in der Waldeinsamkeit der Neureuth oder dem schwammerlreichen Forst zu Riederstein und Galaun; Hirschberg, Bodenschneid und Leonhardstein erfordern bereits mehr Ausdauer. Wanderungen vom Wallberghaus über »die Wurz« zu Risserkogel und Blankenstein, ab Bayerwald ins Roß- und Buchsteinmassiv, aus der stillen Langenau hinauf auf den Schinder, vermitteln erste Hochgebirgseindrücke und bedingen neben guter Kondition auch Bergerfahrung und -ausrüstung. Die krönende Begehung des Blauberggrates von der Halserspitz zum Schildenstein und hinab in die Wolfsschlucht sollte nur äußerst Geübten bei optimalem Wetter vorbehalten bleiben; schon viele ließen dort – in der vergleichsweise geringen Höhe von 1800 Metern – nach Wetterstürzen ihr Leben.

Doch nicht die ausgetretenen Pfade vielbegangener Berge vermitteln die allerschönsten Erlebnisse. Zu laut gebärdet sich das Gros der Wanderer, zu sehr »menschelt« es beiderseits des Weges. Erst das unentdeckte Reich namenloser Gipfel und verfallener Almen überrascht mit dem Reiz alpiner Idylle, kristallklaren Bacherln, unvergessenen Begegnungen mit scheuen Tieren, wie Gemsen, Auerhahn und Tannenhäher, Molch, Alpensalamander, Bockkäfer und Trauermantel. Freilich sollte man eine solche Tour nie allein unternehmen: zu schnell erweist sich ein vertretener Fuß als folgenschwere Katastrophe. »Sonntagsexpeditionen« dieser Art erfordern neben Bergerfahrung auch Pioniergeist und Unverdrossenheit. Denn oft verlieren sich die selten begangenen Steige in verwahrlostem Gestrüpp, sind unter dem zur Ruhe gebetteten Laub bisweilen kaum mehr zu ahnen, ehe sie weiter oben wieder erneut aufscheinen für ein paar Schritte.

Eine Wanderung auf den Reitstein – gibt's etwas Schöneres? Entlang des in der Tiefe rauschenden Albertsbaches, vorbei an aurikelbestandenen Lahnern, gehts hinauf zur Bodigbergalm. Dort flattern Distelfalter und Bläulinge über nie gemähte Wiesen, sprudelt ein Brunnen selige Erfrischung, huschen Eidechsen ins splittrige Geröll. Ist dann erst das Stacheleck – fast weglos – bezwungen, belohnt das kleine Plateau des Aussichtsberges mit einem unvergleich-

lichem Ausblick ins Tiroler Rofangebirge und weichen Perlgrasnesterln für die harte Müh'
des Aufstiegs.
Oder im Almgrund der schwarzen Tenn den Zeitgenossen Ade sagen und den Weg zum Gurnbach nehmen, dessen waldverborgene Wasserfälle – die höchsten des Tales – nur Eingeweihten bekannt sind! Lieblichen Heidelbeerwald passiert der wenig begangene Forstweg nach überwundener Steigung, ehe sich ein verträumtes kleines Tal aufschließt mit Hochmooren und milde auslaufenden Karen. Von dort ist's nur ein Katzensprung über den Sattel zum gepriesenen Schnittlauchmoos. Hier haben sich tiefe Bachkehren in den satten, mit reicher Flora bestandenen Wiesengrund gegraben, der den Wanderer mit einer besonderen Köstlichkeit zu verwöhnen weiß: Rabatten äußerst wohlschmeckenden Schnittlauchs zur wohlverdienten Marende, frisch von der Almwiese aufs Vesperbrot.
Noch eins, ein letztes Paradies sei Euch Zuhausegebliebenen verraten: Da haben sich im Kreuther Tal bei Glashütte muntere Bacherl ihren Weg durchs harte Dolomitgestein gefräst und dabei die »Gumpen«, Naturbadewannen in allen erdenklichen Formen und Tiefen, aus dem Fels gewaschen, die königliche Badefreuden versprechen. Ihr erfrischendes, durch hundertfachen Kaskadensturz mit Sauerstoff gesättigtes Wasser perlt auf der Haut wie Champagner. Welch ein Glück, dort oben in klarstes Wassergeglitzer zu tauchen und sich auf hellem Sand oder glattem Stein von der Sonne bräunen zu lassen! Hier läßt sich wahrhaft ein Tag verträumen, respektlos beäugt von der Wachgams im Schutz hoher Latschenfelder. Dutzende samtbehaarter Alpenmohrenfalter entdecken ohne Scheu den Duft menschlicher Haut, die hübschen rotgepunkteten Forellen geben sich fast streichelzahm. Kalkholde Flora hat die Felswände des Bachtales zu bunten Steingärtlein verwandelt: verschwenderisch blühen die Büschel der kleinen Glockenblume neben den Polstern roséfarbenen Quendels in Geschwisternähe von Ochsenauge und Knabenkraut. Es ist das perfekte Leben für ein paar Stunden im sicherlich unvergleichlichsten Bergidyll, mit dem das Tegernseer Tal aufzuwarten hat, da es Einsamkeit, Wanderfreuden, grandioses landschaftliches Erlebnis, die Entdeckung seiner Flora und Fauna mit der Robinsonade eines – wer will kostümfreien – Badespaßes verbindet. Daß solchen, die Psyche entkrampfenden Stunden am Bach noch ein Finale besonderer Art folgen muß, versteht sich von selbst: der Waldrand beschert am Ende überreich das köstlichste aller Desserts unter der Sonne – nach Sommer duftende Walderdbeeren. Pflücken, so lange das Auge am dunkelnden Rain die roten Früchte noch auszumachen vermag, dann den Rucksack schultern und langsam zurückschlendern ins bergende Tal! Die Dschungel des Auholzes dämmern schon im Abendschatten, während die Sonne hinter den Bergflanken hinabsinkt und im Abschied die Felstürme der Gipfel entzündet zu rosenfarbener Glut. Schon leuchten die Kiesbänke des Flusses im Zwielicht der blauen Stunde. Die letzten Meter wandern, in wohliger

Müdigkeit, um schließlich willig den Verlockungen eines abendlichen Biergartens zu erliegen zu verdienter Brotzeit: aufgeschnittenem Radi, röschen Brezen, Käs' und einer Riesenmaß Bier. Ein wenig spürt man den Alkohol: Erinnerungen, Gesprächsfetzen, das Grillenkonzert und Lachen hübscher Madln am Nebentisch werden eins. Und plötzlich fühlt man die Gnade, in diesem Land leben zu dürfen, in dem hoffentlich die Uhren noch lange anders gehen werden. Ewig dauern sollte der goldene Augenblick. Dableiben und nimmer fortmüssen: das wär's. Kämpfen müßte man um jeden dieser göttlichen Sommertage, wie der Brandner Kaspar. Als sein Sterbestünderl gekommen war, überredete er listig den Tod zum Glücksspiel, betrog ihn und gewann. Nur damit er noch bleiben durfte in seinem – in unserem geliebten Tegernseer Tal.

Über 1200 Jahre glanzvolle Geschichte

Erst im Jahre 746 sollte das Tegernseer Tal, das bis dahin höchstwahrscheinlich unbewohnt war, aus dem Dornröschenschlaf seiner Geschichte erwachen, als Adalbert und Oatker, zwei Brüder aus dem mächtigen Geschlecht der herzoglichen Agilolfinger, auf dem Geröllkegel des Alpbaches ein Kloster gründeten. Sie hatten sich, enttäuscht vom weltlichen Leben, hierher zurückgezogen, um in Stille und Gebet ihre Tage zu vollenden. Den landschaftlichen Charakter der gebirgigen Gegend prägten in dieser Zeit dichte, undurchdringliche Urwälder, in denen neben heute noch heimischen Tieren auch Bären, Wölfe, Luchse, Wildschweine und Otter hausten; nur der tiefste Talgrund präsentierte sich in präalpiner Schneeheide nahezu baumfrei: durch seine blendend hellen, sich stetig verändernden Geröllbecken ergossen sich unreguliert die Zuflüsse in den Tegernsee.
Bereits nach kurzer Zeit entsprach die römische Kirche der Bitte der beiden hochadeligen Stifter und überführte auf abenteuerlichen Wegen die Gebeine des heiligen Märtyrers Quirinus von Rom nach Tegernsee in die Konventskirche. Adalbert berief als erster Abt Mönche der Missionsabtei St. Gallen in sein Kloster, die – wie damals vielerorts in Bayern – nach der Regel des hl. Benedikt daran gingen, die unwirtliche Waldlandschaft rodend zu kultivieren und ein beispielhaftes Zentrum katholischen Glaubens zu errichten. Die Einbringung herzoglichen Vermögens und monastischer Fleiß führten dazu, daß die Abtei in ihrer Frühzeit schon über 10 000 Anwesen, mehrere Reichenhaller Salzpfannen und ausgedehnten Grundbesitz im In- und Ausland ihr eigen nennen konnte. 788, nach dem Untergang des Agilolfingergeschlechts, wurde der Konvent königlich-fränkisches Eigenkloster, das sich durch rege Missionstätigkeit und bemerkenswerte kulturelle Leistungen profilierte. Dies sicherte ihm den ersten Rang unter den altbairischen Klöstern. Nach Verwüstung durch ungarische Heersprengel und der 925 durch den Bayernherzog Arnulf verfügten ersten Säkularisation, die mit dem Verlust riesiger Ländereien den wirtschaftlichen Ruin bedeutete, begann die Abtei zu verfallen.
Doch bereits im Jahre 978 erstand sie wie Phönix aus der Asche in neuem Glanz, als Kaiser Otto II. und sein Vetter, Herzog Otto von Schwaben, auf ihren Fundamenten ein Reichskloster gründeten und mit Mönchen aus der Trierer Abtei St. Maximin besetzten, die eifrig ihre Glaubensarbeit nach französischem Reformmodell aufnahmen. Bereits um das Jahr 1000 erlebte die neugegründete Abtei ihre erste kulturelle Blütezeit, die von lebhafter Bautätigkeit gekennzeichnet war. Diverse handwerkliche Künste konnten damals zu wahrer Perfektion entwickelt werden: Tegernseer Mönche schufen die berühmten Bronzetüren der Dome von Augsburg und Hildesheim, die ersten bemalten Kirchenfenster, mit prächtiger Buchmalerei geschmückte Evangeliare. Höchsten Ruhm erwarben sie sich nicht nur in Kalligraphie und Buchmalerei, sondern auch in der Literatur: 1050 entstand der in lateinischen Hexametern verfaßte erste deutsche Roman »Ruodlieb«, 1160 folgte das bedeutende Theaterspiel »Ludus

de Antichristo«, dessen Uraufführung Kaiser Friedrich I. Barbarossa beiwohnte; wahrscheinlich wurde auch das Gudrunlied im allernächsten Umkreis (Sachsenkam?) verfaßt. Der Mönch Froumund hinterließ uns in seinen Briefen wertvolle zeitkritische und autobiographische Zeugnisse, und Werinhers Feder gelang 1170 das vielleicht innigste deutsche Liebesgedicht:

> Du bist min, ich bin din,
> Des solt du gewis sin.
> Du bist beslozzen in minem herzen,
> Verlorn ist das sluzzelin,
> Du muost och immer darinne sin.

Wertvoller neuer Grundbesitz in Südtirol und in der Wachau ließ sich hinzuerwerben, das Kloster Dietramszell konnte gegründet werden. Mit den Kirchen von Gmund und Kreuth entstanden die ersten externen Sakralbauten im Tal. Erwähnenswert dürfte auch die damalige Einrichtung einer Handelsniederlassung sein, der letztlich die Stadt München ihre Gründung verdankte – das Münchner Kindl des Stadtwappens mit dem Tegernseer Mönchshabit erinnert noch heute daran. Im Lichte der neuerworbenen kulturellen Sonderstellung erscheinen die Verleihung der Pontifikalinsignien und die Erhebung in den fürstlichen Rang einer freien Reichsabtei nur konsequent.

Doch leider folgte schon bald, symbolisch eingeleitet von einer Brandkatastrophe 1214, ein länger andauernder kultureller Niedergang – Ausdruck der Veränderung mittelalterlicher Denkstrukturen und seiner Moral. Als Hauptursache für den Verfall der mönchischen Disziplin darf die unter landesherrlichem Diktat erfolgte elitäre Aufnahme ausschließlich Adeliger in die Klostergemeinschaft diskutiert werden. In diese Zeit fiel der Besuch des Dichters Walther von der Vogelweide, der so wenig Rühmliches über die Abtei zu berichten wußte: statt seinen Liedern zu lauschen, hätten ihm die Mönche verachtungsvoll nur Wasser gereicht.

Der Beginn des 15. Jahrhunderts brachte Besinnung und Wende mit dem Anschluß an die Melker Klosterreformbewegung. Unverbrauchte Kräfte aus dem Bürgertum konnten für den Konvent gewonnen werden. Wie stets zuvor begleitete auch diesmal rege Bautätigkeit eine neue florierende Epoche: Die Quirinuskapelle und Egerns Laurentiuskirche entstanden, die Klosterbasilika selbst geriet vom romanischen zum spätgotischen Prachtmünster mit 24 Altären und ausdrucksstarken Tafelbildern, von denen einige noch heute im Bayerischen Nationalmuseum zu bestaunen sind. 1489 wurde die Kreuther St.-Leonhard-Kirche, 1508 die Egerer Pestkapelle erbaut. Während der Hochblüte des Klosters, das sich vorerst dem scholastischen Einfluß der Wiener Universität verpflichtet fühlte, umfaßte die Bibliothek als eine der größten von Europa über weit mehr als 2000 Handschriften und viele tausend Wiegendrucke.

Über 1200 Jahre glanzvolle Geschichte

Der Freundschaft mit dem glänzenden Universaldenker Nikolaus Cusanus war schließlich die Hinwendung zum Humanismus zu verdanken, die eine Abkehr von der Theologischen Fakultät Wiens und statt dessen die Kontaktaufnahme und den Gedankenaustausch mit der modernen Universität in Ingolstadt erlaubte. Das sich nunmehr an den Werten der Antike orientierende Reformkloster, in dem Latein und Griechisch zu Mönchssprachen erhoben wurden, stellte u. a. die Äbte von Andechs, Benediktbeuern, Scheyern, Oberaltaich, Rott am Inn, Metten und Göttweig. Verhältnismäßig glimpflich konnte man trotz Plünderungen den Dreißigjährigen Krieg überstehen; die aus Ungarn eingeschleppte Pest aber raffte im Tal so manches Opfer dahin.

Ein letztes Mal lebte im Barock rege Bautätigkeit auf. Wildbad Kreuth verzeichnete den Neubau der Hl.-Kreuz-Kirche, Glashütte 1698 die Umgestaltung seines Gotteshauses Mariae Heimsuchung, das Kloster den Anbau eines großen Gästetraktes. Im Gefolge der Königin Adelheid, die aus Piemont stammte, war in dieser Zeit eine Reihe oberitalienischer Baumeister und Stukkateure nach Bayern gekommen, die zusammen mit einheimischen Künstlern dem süddeutschen Barock sein unvergleichliches Gepräge schenken sollten. Zwei von ihnen wirkten auch im Tegernseer Umfeld: Während Antonio Riva die spätgotische Klosterkirche barokkisierte, gestaltete Lorenzo Sciasca das Gmunder Gotteshaus um; die Fresken beider Sakralbauten schuf der Maler Hans Georg Asam. Begreiflich, daß auch die Karriere seiner beiden später so berühmten Söhne eng mit der Abtei verbunden war: Egid Quirin, in Tegernsee geboren, und Cosmas Damian wurden in Rom auf Kosten des Konvents in mehreren Studienfächern unterrichtet. In der nach Beendigung der legendären Schreibschule 1573 eingerichteten Druckerei waren mittlerweile über zweihundert wichtige Werke entstanden. Weitere Verbesserung der ohnehin glänzenden wirtschaftlichen Lage gestatteten die gewerbsmäßige Gewinnung des Enterbacher Marmors, aus dem beispielsweise die Münchner Mariensäule geschlagen wurde, und die 1675 erfolgte Verlegung der Klosterbrauerei von Holzkirchen nach Tegernsee – die eigentliche Geburtsstunde des noch heute so geschätzten Bräustüberls, das alle Zeitwirren unbeschadet überstehen sollte.

Freilich bescherte das 18. Jahrhundert auch eine Reihe politischer Konflikte: So 1703 mit dem Einfall der Tiroler und dem Abriß der Schanzwerke in Kreuth, der Sendlinger Mordweihnacht 1705, die viele Menschenleben kostete, und schließlich einem erneuten Überfall der Tiroler, der einigermaßen glimpflich verlief. Als eigentlicher Höhepunkt der Tegernseer Klostergeschichte im engeren Sinn ist die 1727 erfolgte Wahl des Abtes Gregor I. Plaichshirn zum Primas der neugeschaffenen Bayerischen Benediktinerkongregation zu sehen. Hatte die schon 1769 verhängte staatliche Reglementierung nichts Gutes ahnen lassen, so traf die 1803 durchgeführte Säkularisation das Kloster dennoch unvorbereitet und diktierte ihm grausam einen jähen Tod in schönster Blüte. Das durch engste wirtschaftliche und rechtliche Verknüpfung mit der Existenz des Klosters verbundene Tal geriet unversehens in ärgste Not, da die Abtei neben der Aufsicht über Holz-, Alm- und Fischereirechte auch stets die ökonomische und medizinische Versorgung der Bevölkerung sichergestellt hatte, die gegen Abgabe eines Naturalienzinses von der Reichssteuer befreit war. Die zu dieser Zeit auf 80000 Bände angewachsene Bibliothek – größer als die vatikanische – löste man kurzerhand auf, die meisten Kunstschätze wurden barbarisch verhökert und in alle vier Winde zerstreut, wertvolle Gebäudeteile der Anlage abgerissen.

Ein gnädiges Geschick wollte es jedoch, daß im Jahre 1817 König Max I. Joseph sich in das Tegernseer Tal verliebte, die Reste der Abtei erwarb und zu seiner Sommerresidenz umfunktionierte. Mit dem Einzug der Wittelsbacher begann nun eine neue Epoche, die das Gesicht der Landschaft völlig verändern sollte. Ihrer Großzügigkeit und caritativen Bemühung ist es zu verdanken, daß bald die schlimmste Armut der Bevölkerung, deren Leibeigenschaft übrigens erst 1808 beseitigt wurde, abgewendet werden konnte. Die Wittelsbacher übernahmen weitgehend die Versorgungsfunktion des Klosters, vergaben Arbeit und erkannten – größtes ihrer vielen Verdienste – schon früh die kulturellen Werte des Brauchtums und seine Schutzwürdigkeit. Auf ihren Wunsch baute Leo von Klenze den Torso der Abtei in klassizistischem Stile um und verkürzte die Türme des Münsters. Mit der Wiederaufnahme des Enterbacher Marmorabbaus, der damals die Fußböden für die Walhalla und die Befreiungshalle lieferte, dem Kauf des Brauhauses, das seinen Sommerkeller erhielt, konnte Max I. Joseph auch die wirtschaftliche Lage des Tegernseer Besitzes verbessern. Von größter Bedeutung – im Sinne einer Vorreiterfunktion für den Fremdenverkehr – erwies sich der Erwerb von Wildbad Kreuth. Wo seit 1511 ein Badehaus bestanden hatte, wurde 1820 ein hübscher Biedermeierbau erstellt, der im Lauf der Zeit dank mustergültiger Einrichtung zu einem attraktiven, mondänen Kurhaus geriet. Leider brach 1971 ein Brand die Tradition der Heilstätte, die das Haus Wittelsbach nunmehr der CSU-nahen Hanns-Seidel-Stiftung als Tagungsort überließ.

Im Gefolge des Monarchen begaben sich viele Familien des Hochadels und angesehenen Bürgertums an den Tegernsee, um am Hofleben teilzunehmen, und erbauten dort ihre Häuser. Das Tal rückte in den Blickpunkt öffentlicher Aufmerksamkeit und zog in der Folgezeit immer mehr Besucher in seinen Bann; starke Neubautätigkeit veränderte zusehends den Siedlungscharakter seiner Landschaft. Bis ins 13. Jahrhundert hatten eigentlich nur Einzelhöfe bestanden, die vom Kloster selbst oder von Zinsbauern bewirtschaftet worden waren; später wurden die Besitztümer infolge der Bevölkerungszunahme geteilt oder geviertelt, eine Entwicklung, die zum Ende des 15. Jahrhunderts bereits abgeschlossen war. Die aus Einzelgehöften gewachsenen Weiler rückten nun im 19. Jahrhundert durch die Errichtung neuer Wohnsitze in zum

Teil städtischem Villenstil zu kleinen Dörfern zusammen, aus deren Verbund im 20. Jahrhundert die heutigen Talgemeinden entstanden sind. Der heute so geschlossen wirkende Ort Tegernsee zählte um 1830 noch 10 Dörfchen, 26 Weiler und 112 Einzelhöfe. Hatten bis dahin die bäuerlichen Anwesen ihren Unterhalt hauptsächlich aus Ackerbau und Almbewirtschaftung bestritten, so gewann der Fremdenverkehr als zusätzliche Einnahmequelle immer stärker an Bedeutung, bis er schließlich im 20. Jahrhundert der wichtigste Wirtschaftsfaktor im Tegernseer Tal werden sollte.
Nach dem Tode von Max I. Joseph übernahm Königin Karoline den Schloßbesitz. 1831 schenkte sie dem Tal ein Distriktskrankenhaus. Ihr Nachfolger, Prinz Carl von Bayern, war ein großer Naturliebhaber, der bezaubernde Spazierwege anlegen ließ. Auch er führte die caritative Tätigkeit weiter. Seine schwesterliche Erbin Louise überließ bereits nach kurzer Zeit ihrem Sohn Carl Theodor das Schloß, der – dem musikalischen Erbe seines Vaters verpflichtet – der Volksliedbewegung wichtige Anstöße gab. Er galt als Augenarzt von höchster Qualifikation und vermochte die Starleiden zahlloser Patienten in seiner Klinik zu kurieren.
Wichtige Ereignisse fielen in die Zeit seiner Tätigkeit, denen der Fremdenverkehr neben dem »Prominentensog« der Wittelsbacher, der Nähe Münchens und dem Beginn des Automobilzeitalters seine nachhaltigsten Impulse verdankte: die Errichtung der Eisenbahn 1883 nach Gmund und 1902 nach Tegernsee, die Eröffnung der Jod-Schwefel-Quelle in Bad Wiessee und die Inbetriebnahme von Hirschberghaus und Obermeieralm mit den ersten Bergsteigerquartieren. Kurz nach 1900 waren bereits alle Talgemeinden an das Stromnetz angeschlossen und durch eine Postbuslinie zusätzlich mit der Großstadt verbunden. Vor allem Wiessees König-Ludwig-III.-Quelle sollte zum entscheidenden Promotor der Fremdenverkehrsindustrie werden. Jahrelang hatten dort Holländer – angeregt durch die Analyse des früher als Klosterheilmittel genutzten St.-Quirinus-Öls, das sich als hochwertiges Naphtha entpuppte – am Westufer des Sees ohne sonderlichen Erfolg nach Erdöl gebohrt und waren dabei »nur« auf eine Quelle starker Schüttung gestoßen, deren Zusammensetzung in Deutschland ohne Beispiel ist. Ihr folgte die 1930 eröffnete Wilhelmina-Quelle, die endgültig die Bedeutung Wiessees als Kurzentrum für heilungssuchende Menschen unterstrich. 1935 erschloß eine Panoramastraße die Flanke des Wallbergs, 16 Jahre später folgten eine Bergbahn und Skilifte. Kontinuierlich bauten die Kommunen, den Bedürfnissen der Alt- und Neubürger verpflichtet, ihre Infrastruktur weiter aus: Schulen, Kindergärten, evangelische Kirchen, Promenaden, Kursäle entstanden und fügten dem Mosaik des Erholungsgebietes weitere attraktive Steinchen hinzu.
Sich stetig verstärkender Zuzug, dem die beiden Weltkriege nur vorübergehend Einhalt geboten, Ausverkauf der Landschaft und eskalierende Bautätigkeit begannen den Charakter des

Tales nun völlig zu verändern, seine Reserve an Grünflächen radikal zu dezimieren. Niemand vermag heute zu sagen, welch destruktives Ergebnis die Zersiedelung weiterhin gezeitigt hätte; doch erzwangen ironischerweise gerade die Spätfolgen eines weiteren, für den Fremdenverkehr äußerst attraktiven Bauvorhabens den Stillstand oder die Wende: 1964/65 hatten die Gemeinden auf Anraten von Fachleuten eine Ringkanalisation fertiggestellt, die den See – er stand damals kurz vor dem biologischen »Umkippen« – entlasten sollte und deshalb alle Abwässer gesammelt einem Klärwerk im Gmunder Mangfalltal zuführte. Der damals in Europa einmalige Kraftakt bescherte dem See ein Badewasser bester Güteklasse; die beschränkte Verarbeitungskapazität dieser Anlage aber, die bislang weder erweitert wurde noch werden soll, setzte nun dem Bauboom, der in den 70er Jahren noch einmal üppigste Blüten trieb, ein rasches Ende. Seither werden Baugenehmigungen nur noch vereinzelt vergeben.

Man darf hoffen, daß alle Verantwortlichen die erzwungene Verschnaufpause für kreative Gedankenspiele nützen werden. Die Nehmerqualitäten dieser schönen Landschaft, die sich Fremden wie Einheimischen gleichermaßen »heil« präsentieren muß, wenn sie ihre Faszination nicht verlieren will, sind nicht unbegrenzt. Drohend werfen flankierende Folgegefahren der Zersiedlung – Überfremdung und überproportionaler Anstieg der Wohn- und Lebenshaltungskosten – ihre Schatten voraus. Bereits ein Drittel des Grundbesitzes im Tal ist in auswärtiger Hand, deren »Rolladen-Dependancen«, wie ein Journalist die Zweitwohnungen wegen ihrer meist geschlossenen Fenster bezeichnete, teilweise schon zum Ortsbild gehören. Doch mehren sich die Stimmen der Vernunft, die die Schutzbedürftigkeit der einmaligen Landschaft anmahnen, deren Zauber das wichtigste Kapital des Tales darstellt und dessen Wert als Erholungsareal bedingt.

Ähnlich düster war's auch um das Brauchtum schon einmal bestellt, als viele seiner Werte in der Umarmung fremder, städtischer Einflüsse unterzugehen drohten. Wittelsbacher'schem Mäzenatentum durch Herzog Ludwig Wilhelm war es einmal mehr zu verdanken, daß der unvergessene Kiem Pauli vom Tegernsee aus seine Sternfahrten realisieren konnte, um kostbares oberbayerisches Liedgut vor unwiederbringlichem Vergessen zu bewahren. Trachtenvereine und Gebirgsschützenkompanien – lange vom Zeittrend als gestrig-restaurativ belächelt – verzeichnen heute wieder enormen Zulauf, dem zum Teil nur noch durch Aufnahmestop begegnet werden kann, und bleiben deshalb vor dem Schicksal der Tourismus-Folklore bewahrt, die ihre Tradition nur aus finanziellen Gründen blutlos am Leben erhält.

Gerade die Renaissance des Brauchtums läßt hoffen, daß eine Rückbesinnung auf alle wahren Werte des Tegernseer Tales auch dem Gesicht seiner faszinierenden bäuerlichen Kulturlandschaft und deren künftiger Entwicklung gerecht werden wird, Hölderlins tröstenden Worten vertrauend: »Wo aber Gefahr ist, wächst das Rettende auch ...«

Herrgott, Brauchtum, frohe Feste

Oberbayerisches kirchliches Brauchtum – im Tegernseer Tal bis heute lebendig – wurzelt nicht in asketischer Gotteserfahrung, dem mystischen Dunkel weltferner Kirchen. Dies mag strengeren Landschaften mit verschlosseneren Menschen vorbehalten bleiben. Seine Bilderfülle zeigt sich eher dem Diesseits der lieblichen Voralpenszenerie verbunden. Von bezaubernden landschaftlichen Konturen verwöhnt, hat der einheimische Mensch sein kulturelles Ambiente bevorzugt mit dem Auge gestaltet. Die Ausdruckform seines Glaubens vermittelt deshalb neben Innerlichkeit stets auch ein Fest für die Sinne und wird dem Aussagegehalt der Vaterunserbitte: »Dein Reich komme zu uns« auf bildhafte Weise gerecht. Hier im Tal verbanden sich Religion, Kunst, Brauchtum mit imposanter Landschaft zu einer untrennbaren harmonischen Einheit, deren Tradition bis heute ungebrochen ist.

Obwohl die Reformation im tirolerischen Süden vornehmlich unter den Schwazer Knappen, aber auch in der nördlich anrainenden Grafschaft Hohen-Waldeck viele Anhänger fand, gelang es dem starken Tegernseer Konvent, die Gedanken Luthers bis zur Klosteraufhebung im Jahre 1803 konsequent von allen Gemeinden fernzuhalten. Dies erhielt dem Tal – gleichsam unter schützendem Glassturz der Abtei – einen altbaierischen Katholizismus in reinster Form, der sein bizarres, farbenprächtiges Gewand der Kulturtoleranz des missionierenden Benediktinerordens zu verdanken hatte: sie erlaubte die Assimilierung bunter vorgeschichtlicher Riten und verwandelte das Pantheon der heidnischen Götter in einen Himmel lebensnaher Heiliger zum Lobe des einen Gottes. Erst vor diesem fruchtbaren Hintergrund konnte die Verehrung der Gottesmutter Maria, der »Patrona Bavariae«, erblühen.

Ideale Ergänzung fand die Bildhaftigkeit des kirchlichen Brauchtums während der Zeitläufte in einer Kunstform, deren Farbigkeit, Großzügigkeit und Lichtfülle im Liebreiz der oberbayerischen Landschaft ihre Entsprechungen fand und dem Lebensgefühl seiner Bevölkerung förmlich auf den Leib geschrieben war: dem Barock. Zusammen mit Baumeistern und Stukkateuren des nicht minder spektakulären, südlichen Alpenvorlandes der Lombardei und Piemonts verliehen ihm bayerische Kirchenmaler und Plastiker erst das vollendete, geniale Gepräge und seine beeindruckende farbenfrohe Wucht. Barock, schönstes Kind aus der Ehe von Nord und Süd: einerseits noch dem ordnenden Plan des deutschen Kulturkreises, in der Leichtigkeit seiner Arabesken aber schon romanischer Mentalität verpflichtet! Vom goldenen Hintergrund jubelnder Gotteshäuser mit überschwenglichen Freskenhimmeln, wildbewegten Altarbildern, verschwenderischem Schnitzwerk, ist kirchliches Brauchtum auch im Tegernseer Tal nicht mehr zu trennen.

Viele früher geübte Bräuche gerieten freilich leider in Vergessenheit. Niemand ruft mehr die Gläubigen zur Getreideweihe am Karfreitag oder zum Felderumgang bei Mariae Heimsuchung. Die Benediktion des Weihrauchs am Thomastag, das Nachspiel der Heilsgeschichte an

Christi Himmelfahrt und Pfingsten gehören der Vergangenheit an. Und doch hat sich so mancher Brauch in unsere Zeit gerettet. Unbeirrt schreibt man die Namen der Heiligen Drei Könige auf die Türpfosten, segnet die Höfe mit Weihrauch und versammelt sich an Mariae Lichtmeß zur Kerzenweihe. Palmstecken, mit bunten Weidenbuschen besteckt, zaubern den Frühling in die Kirche. Zu Ostern tragen Burschen geweihte Zuntelglut nach Hause, werden bei der Messe Speisekörbchen gesegnet, »scheibt« die Jugend mit Eiern. Hoffentlich noch lange begeht man an Mariae Himmelfahrt die Kräuterweihe, bleibt der Kirchweihtag mit dem Duft von Schmalznudeln verbunden und »hutscht« man auf den Tannenböden. Ungebrochen zeigt sich der Brauch der Maiandachten vor einem Bildstöckl oder im Dunkel fliederduftender Kirchen. Und auch das Passions- und Adventssingen wird noch immer geübt.

Unvergeßlich bleiben die Fronleichnamsprozessionen über frühsommerliche, löwenzahngetupfte Wiesen mit im Wind knatternden Fahnen, dem Defilee martialischer Gebirgsschützen und geschmückter Schalkfrauen über blütenbestreutem Weg – Urerinnerung an die alten Flurgötter, von christlichem Glauben besiegt. Auch der Egerer Umgang zum Erntedankfest entsprang ähnlichen Wurzeln und gehört – wie alle kirchlichen Riten unter freiem Himmel – mit zu den schönsten Manifestationen des alpenländischen Brauchtums.

Das glänzende Patroziniumsfest der Kreuther Pfarrkirche versammelt alljährlich zum 6. November Dutzende prächtig geschmückter Pferdegespanne im Prunkgeschirr vor bemalten Kastenwägen zur Leonhardifahrt, der ältesten Bayerns, mit dreifachem Umzug. Ein weiteres Fest für Herz und Augen: die Weihe der ungeduldig scharrenden Rösser, im Gegenlicht leuchtende Blütenzier der Schalkfrauen vor dezentem Herbstkleid sommermüder Ahornbäume und der Bergstaffage mit ersten Schneehäuberln.

Beschließen sollte man das Jahr mit der Christmette in der Egerer St. Laurentiuskirche, um rührenden Kinderstimmen zu lauschen, die vom Wunder der Weihnacht erzählen. Draußen treiben Schneeflocken über den See, sind die Berge in der Winternacht kaum noch zu ahnen, während im Schutz des Gotteshauses vor allem die Jüngsten mit glänzenden Augen den Traum des Christkindlglücks träumen. Vielleicht hat die Herzinnigkeit dieser Mette den sonst eher klerikalkritischen Ludwig Thoma damals zu seiner wunderschönen »Heiligen Nacht« inspiriert: »Im Wald is so staad, alle Weg san vawaht ...«

Noch viel gäb's zu erzählen: Von sorgsam geschmückten Herrgottswinkeln in fast jedem der hiesigen Häuser, Patronatstagen im Bannkreis von Münster und Bräustüberl, Wallfahrten zur Muttergottes von Birkenstein oder dem Nachbarkloster Georgenberg in Tirol, Wegkreuzen und Marterln, der Pracht und dem aufwendigen Ritual der Tegernseer Bauernhochzeiten, dem feierlichen Ernst von Beerdigungen mit Gebirgsschützensalut und bewegendem Volkslied: »Jetzt muaß i naus aus meim Haus ...«

Neben kirchlichen verdienen auch bunte »gebirglerische« Bräuche Erwähnung. Noch immer wird mancherorts zum »Almkirta« nach der Messe aufgespielt und gesungen, das Vieh nach schadenfreiem Sommer prächtig geschmückt zurück ins Tal getrieben. Sennerinnen tragen weiterhin als obligates Rezept gegen Migräne und sonstiges Übel die Wedel des Wurmfarnes im Hut. Und die Firstbalken der Gehöfte zieren noch immer herzförmige Stirnbrettln, in deren Ornament sich der Uterus als Fruchtbarkeitssymbol verbirgt: Rest atavistischen Flurzaubers, dem auch der Maibaum seine Entstehung verdankt – und vielleicht sogar der aus Winterangst geborene Blumenschmuck vor unseren Fenstern.

Daß jahrhundertelang in der Abgeschiedenheit der Tegernseer Berge ohne Reiseverkehr und Medienbeeinflussung der Aberglaube zu überleben vermochte, dafür gibt's beredte Zeugnisse: So berichtet ein Mönch der damaligen Abtei in seinen Schriften über Sonnenanbetung; 1645 unterwarf man eine Einheimische in Wolfratshausen dreimal der Daumenschraube, als sie bekannt hatte, das Vieh verhext und mit dem Teufel Buhlschaft getrieben zu haben, und noch 1870 finden sich in einem handgeschriebenen bäuerlichen Kompendium gängiger Hausmittel späte Anweisungen, wie eine Hexe zu schlagen sei. Unverändert behauptet sich im Verborgenen magische Volksmedizin, übt man Besprechen, Amulettzauber und gebraucht sogenannte »Sympathiemittel«. Daß diese, häufig suggestive, auch autosuggestive Kräfte beschwörenden Rezepte in vielen Fällen Erfolg haben, wo die Schulmedizin mit ihrem Latein am Ende ist, darf nicht unerwähnt bleiben.

Bis zum Ende des 19. Jahrhunderts hielt sich im ganzen Landkreis Miesbach das uralte Zeremoniell des zuletzt polizeilich verfolgten und schließlich unterbundenen »Haberfeldtreibens«, eines strengen Rügegerichtes, das mit Sicherheit auf die schon von Tacitus beschriebene Sittenstrenge der Germanen zurückzuführen ist und anfänglich rein moralische Züge trug. Ein Geheimbund von Burschen geißelte mit derben Versen, die oftmals selbst zur Verfehlung gerieten, die sittlichen Ausschweifungen einzelner Gemeindemitglieder, gegen die weltliche Gerichte aus verschiedenen Gründen nicht vorgehen wollten. Damals herrschte auf dem Lande häufig – wie der oftmals verniedlichte Brauch des Kammerfensterlns andeutet – ein zügelloses Liebesleben, das christlichen Moralvorstellungen wenig entsprach. Jedenfalls wurde noch in der Nacht vom 12. zum 13. November 1892 einigen Tegernseer Sündern recht deftig ins Haberfeld getrieben ...

Die Bereitschaft der Bevölkerung, die Tradition zu pflegen, deren Werte zu schützen und so die kulturelle Glut in der Asche der Vergangenheit am Leben zu erhalten, hat dem Handwerk einen bunten Strauß bodenständiger Berufe bewahrt. Zu ihnen gehört der Weißacher Lüftlmaler, der viele Häuser mit charakteristischen Fresken aus der heimischen Motivwelt schmückt, ebenso wie der Tegernseer Kunstschmied, dessen Ziergitter Bewunderung finden.

Töpfer aus Rottach, Wiessee und Gmund haben mit den Ofensetzern zur Wiederentdeckung des gemütlichen Kachelofens beigetragen, und Kreuth zählt einen der besten Lodenweber zu seinen Bürgern, der sein Handwerk auf Anraten der kulturbewußten Wittelsbacher erlernt hatte. Ein Gmunder Sattler und Federkielsticker komplettiert den Reigen seltener, schon fast vergessener Berufe, in dem natürlich der Tegernseer Goldschmied und der für's Trachtenleben so wichtige »Huterer« nicht fehlen dürfen.

Baumeister und Schreiner prägen mit der Bewahrung der alten Bauformen am deutlichsten den heutigen Charakter des lieblichen Tales. Sie verstanden und haben's bis heute nicht vergessen, daß der überkommene Riß des Hauses letztlich das Ergebnis eines jahrhundertealten Lernprozesses und die optimale Antwort auf klimatische und landschaftliche Herausforderung darstellt. Noch immer gilt die Erkenntnis, daß sich Architektur dann besonders harmonisch und homogen in ihre Umgebung einfügt, wenn sie sich rein landestypischer Materialien bedient. Der Idealfall der leider nur noch selten anzutreffenden Almhütte aus festen Baumstämmen, dem Estrich aus geschüttetem Bachgeröll, Lärchenschindeldach mit aufgelegten Felsbrocken und ihrem aus Holz geschlagenen Brunnentrog enthält als reinste alpine Bauform Oberbayerns ausschließlich Gestaltungselemente der hiesigen Bergwelt. Errungenschaften der modernen Zeit haben freilich vieles verändert, Heizungssysteme z.B. die kalten Häuser bewohnbarer gemacht und so die früheren Maße von Mauern und Fensterlaibungen in Frage gestellt. Dennoch bewahrte man die gemütliche Form des Satteldaches, die reiche Holzverkleidung bis auf den heutigen Tag. Dies bescherte dem Tegernseer Tal seine relativ geschlossen wirkende bauliche Harmonie. Wie sinnvoll die Tätigkeit des Miesbacher Kreisbaumeisters zu werten ist, der mit Argusaugen schlimmste architektonische Entgleisungen zu vermeiden hilft und auf die Einhaltung landestypischer Proportionen dringt, kann jeder nachempfinden, der aus dem städtisch orientierten Bau-Kuddel-Muddel des Nordens oder dem nachbarlichen Tirol mit seinem Phantasie-Alpin-Stil in den heimischen Wohlklang traditionsverpflichteter Architektur zurückkehrt, die dieser Landschaft so gut zu Gesicht steht.

Untrennbar ist der Name des Tegernseer Tales mit der Pflege oberbayerischen Liedgutes verbunden. Unter Wittelsbacher Fittichen gelang es dem Kiem Pauli aus Kreuth, diesen wichtigen Teilbereich der Volksmusik vor dem Vergessen zu bewahren, dessen Pflege mehrere Gesangsgruppen und die Musikschule des Tales auf alten Instrumenten weiterhin eifrig betreiben. Daß auch die mundartliche Dichtung, die ebenfalls auf eine glänzende Vergangenheit zurückblicken kann, nicht vernachlässigt wird, versteht sich von selbst. Dafür sorgen u.a. die Lindner Bühne, das Tegernseer Volkstheater und die traditionsstarke Thoma-Bühne. 1903 schon hatte Michl Dengg das »Große oberbayerische Bauerntheater« gegründet, das sich in seinen Anfangsjahren hauptsächlich der Aufführung Anzengruberscher Werke widmete. Für seinen

Freund Dengg schrieb Ludwig Thoma das brillante Stück »Erster Klasse«. Mit riesigem Erfolg wurde es 1910 in der Egerer »Überfahrt« uraufgeführt, wo 20 Jahre später der Kiem Pauli das vielbeachtete Preissingen oberbayerischer Volksmusikgruppen veranstaltete.

Als starkes bewahrendes Element geliebten, trachtverbunden Brauchtums, dessen vertraute Farbigkeit kollektives Zugehörigkeitsgefühl schenkt und die Desillusionierung der modernen Zeit erträglicher macht, muß die Institution der Gebirgsschützen genannt werden, die in Gmund und Tegernsee zwei starke Kompanien stellt. Hand aufs Herz – wer hat sie nicht schon einmal bewundert, wenn sie an einem Feiertag vorbeizogen in stolzem Marsch, wie aus firnisdunklen Defregger-Bildern entsprungen? Oftmals unvergeßliche, bärtige Gesichter, von den Stürmen des Lebens gegerbt, wie sie Leibl so gerne gemalt hatte, in farbig ausgewogener Montur: Trachtenhut mit blumenbestecktem Spielhahnstoß, derbbraunem Schützenrock aus Loden, Bundlederner, Haferlschuhen und Gewehr. Neben harter Männlichkeit sanfte Anmut lächelnder Marketenderinnen im Schalk – leuchtende Farbtupfer der Kompanien. Die Geschichte der Gebirgsschützen, die sich weit über 300 Jahre zurückverfolgen läßt, war seit Anbeginn, der irgendwo im Dunkel des 15. Jahrhunderts zu suchen ist, stets der Landesverteidigung verbunden. Anders als den Gilden des Nordens, die sich ehedem als streitbare Wehr der Städte gegen Übergriffe des Adels verstanden, aber in der Folgezeit zu rein bürgerlichen Vergnügungsgesellschaften verwandelt hatten, gelang es den Gebirgsschützen, ihren defensiven Milizcharakter bis heute zu retten. Freilich mag ihr Gewehr in der Ära von Neutronenbomben und Lasersatelliten unzeitgemäß erscheinen, doch unterstreicht es symbolisch die Bereitschaft, für die überlieferten Werte der Tegernseer Heimat einzustehen. Und gerade diesen Schutz praktizieren die beiden Kompanien durch gelebtes Brauchtum an vielen Festtagen des Jahres.

Den wahren Wert des Volkstums hatte man erst im ausgehenden 19. Jahrhundert entdeckt, als durch starken Zuzug städtischer Bürger und einsetzenden Reiseverkehr aufkommender Fremdeinfluß das eigenständige Kolorit zu verwässern und auszulöschen drohte. Lebhaft begrüßt vom Hause Wittelsbach, dessen Mäzenatentum in vielfältigster Form die Traditionserhaltung unterstützte, waren es vor allem die Trachtenvereine, die den Überfremdungstendenzen lautstark Einhalt geboten; allen voran die Rottacher »Wallberger« und »D'Neureuther« aus Gmund, denen später »D'Hirschbergler« und »Leonhardstoana« aus Kreuth und der Wiesseer Volkstrachtenverein folgten. In geglückter Selbstdarstellung demonstrieren sie das originalgetreue Tragen des Trachtengewandes, lehren ihre Jugend u.a. das Schuhplatteln und den Bandltanz und pflegen sogar mit großem Erfolg das Laienspiel der Komödie. Die Instandhaltung der von ihnen errichteten Gipfelkreuze auf den Bergen, die ihren Vereinen den Namen schenkten, gilt als Ehrensache.

Wie Aquarelle der Gebrüder Quaglio belegen, hatte die Tegernseer Tracht um 1820 noch mehrere Varianten umfaßt, deren Farbakkorde sich unterschieden. Rattelmüller unterstreicht dies in seinem klassischen Bildwerk durch das Konterfei Einheimischer, deren Kleidung mit Lederbundhosen, grauen Strümpfen, weinrotem Spenzer und Stopselhut vom heutigen, durch die Trachtengruppen repräsentierten Stil gewaltig abwich. In den fortan gültigen Trachtenhabitus waren bei der Gründung der Vereine neben einer Vielzahl ortsfremder Details aus dem restlichen Oberland auch höfische Modetendenzen des Auslandes eingeflossen. Diesen nicht ganz geschichtskorrekten Kompromiß mag man zwar bedauern – immerhin aber beschenkte er uns mit der früher ungebräuchlichen kurzen Lederhose, dem langen attraktiven Dirndl aus schweren Seidenstoffen und ergänzte damit den traditionellen Fundus recht gelungen. Daß gerade die Entblößung des Männerbeines, über dessen Ästhetik noch zu sprechen sein wird, einen gewaltigen Sturm unter Moralaposteln entfachte, sei interessehalber vermerkt. Verständlicher erscheint schon die damalige Aufregung um die Offenherzigkeit des Dirndldekolletés. Hatten die Tegernseer doch – wie die Egerer Chronik aus einer Quelle zitiert – die Miesbacher Mädchen, die als Protagonistinnen im 18. Jahrhundert »ihren Busen entblößt trugen«, jedesmal empfindlich gestraft, wenn sie derart provokant in der Klosterkirche erschienen.
Einmal im Jahr rufen die Trachten-, aber auch Sportvereine ihr Fußvolk zum langerwarteten »Waldfest« mit der urbayerischen Akustik von Blaskapelle, anstoßenden Maßkrügen und der Glocke der Glückstombola. Seliger Sommerduft von Brathendln, Bier und blühenden Bauernwiesen! Rhythmisches Stampfen plattelnder Gruppen und auf die Lederhose geklatschte Asynkopen lassen das idyllische Wiesenrund vibrieren. Zum Takt der Musik sich drehende Tänzerinnen im Dirndl, die dann und wann eine Pause einfriert zu gültigen Bildern vollendeter Anmut, stets abrufbar in der Erinnerung: hübsche Gesichter, einen goldenen Augenblick lang zum Lächeln bereit, das die Gäste des Tales niemehr vergessen werden, bevor der Befehlston der Baßtuba sie weiterentführt im Reigen des Tanzes, die rotblauen Bollenkittel erneut verwischen zu flüchtigem, glockenförmigem Reif. Deutschlands vielbeneidete Exoten feiern eine Schau, die ihresgleichen sucht. Vor kreuzbiederem Publikum schlägt vor allem die Jugend ihr stolzes Rad. Da schnupft man bewundert pfundweis den schärfsten Schmalzler, zelebriert lässig die Renaissance der Tracht und genießt im Selbstverständnis wortreichen Dialekts »Originalton Süd«, dem die Kulturfremden nur allzu begierig lauschen. Dem Charme dieser Mischung aus Lederhosenstil und Modechique kann sich keiner verschließen, der sein Leben lang in tristem Stadtbeton von der Anarchie des sündeschweren Almgefühles geträumt hat. Blumenbestickte Madln, die nur mit Mühe die Verheißungen ihrer Hügelchen im Dirndl verbergen können, kontrastieren sanft zum unbeugsamen Mannesstolz ihrer Begleiter im gekonnt aufgekrempelten Trachtenhemd zur Kurzledernen. Die riesigen Hirschfänger der maßkrug-

Herrgott, Brauchtum, frohe Feste

stemmenden Burschen, aus Horn geschnitzte Hosenträgermedaillons, gigantische Gamsbärte, adlerkrallenbewehrte Charivaris, die abenteuerumwitterte Patina der Lederhosen signalisieren die letzte heile Bastion des Patriarchates – noch funktionierend. Der unvergeßliche Anblick von Hunderten männlicher Beine bringt sämtliche Schönheitsbegriffe ins Wanken. Wer da je annahm, das Männerknie sei ein mißratenes Unding des Schöpfungsplanes – auf den Waldfesten wird er sein lächerliches Vorurteil korrigieren und der Ästhetik strammer Wadln »verzaubert« erliegen ... Barockes Bild reiht sich an Bildchen im Sonnengold des Nachmittagslichtes über dichtbesetzten Tischen. Stundenlang scherzt man, dreht sich ausgelassen im Tanz, um schließlich bierselig im Samt der Sommernacht nach Hause zu taumeln und vom nächsten Waldfest zu träumen.

Nicht minder ausgelassen feiert man die Seefeste der einzelnen Gemeinden, die das nächtliche Tal in ein pittoreskes Szenarium verwandeln mit prächtig erleuchteten Fassaden, den Edelsteinen erhellter Fenster, übers Wasser tanzenden Reflexen. Vor lampionbetupften Ufern gleiten die Positionslichter geschmückter Schiffe, die musizierenden Flöße der Trachtengruppen vorbei. Die Tradition dieses Spektakels, dessen Wurzeln wohl in lebensfroher Barockzeit zu suchen sind, hatten die Wittelsbacher kurz nach Übernahme der säkularisierten Tegernseer Abtei begründet. Um erlauchte Gäste des Hofes zu erfreuen, ließen sie mit zahlreichen entzündeten Holzstößen riesige Initialen auf die Berghänge zaubern, deren Konstruktion wegen der Unebenheit der Steildriften mathematische Kalkulation erforderte. Heute ersetzt Brillantfeuerwerk den mühevollen Aufwand landschaftlicher Lichtkunst: Furioses Stakkato einander folgender Detonationen, die das Tal wie einen Korridor erbeben lassen. Lichterkaskaden, Feuerregen, Sternensträuße in grellem Bengalrot, Bernsteingelb und Beryllgrün, Funkengarben in Erblühen und schnellem Tod ohne Spur das beste Sinnbild eines Festtags für das eigene, kurze Leben ...

Zwei letzte Beispiele mögen, stellvertretend für die vielen nicht erwähnten Feste, den Reigen beschließen. Sie illustrieren den Glücksfall, daß sich volkstümliche Tradition nicht in der Ausübung überkommener Riten erschöpfen muß. Kreative Phantasie und die gelungene Mischung aus Begeisterungsfähigkeit und Durchsetzungskraft ermöglichen auch heute noch die Einführung neuer Bräuche, die sich in ihrem natürlichen Anspruch bruchlos Altbewährtem hinzufügen:

Roßtag in Rottach-Egern, mit der geliebten Musik klingender Glöckerl, von Hufgetrappel, Peitschenknall, Mädchenlachen und übermütigen Juchzern – Musica viva Bavariae. Der Böck Thomas, Antiquitätenhändler und farbiges Original, dessen roßnarrischen Gedanken der schöne Brauch entsprang, ruft sie zusammen und alle, alle kommen. Mühevolle Stunden nehmen die Pferdefreunde und Kutschenbesitzer auf sich, um einmal im Jahr den festlichen Tag miteinander zu feiern. Am See bezieht man Aufstellung, dann geht's in prächtiger Fahrt zur Roßkapelle mit mehrspännigen Postkutschen, Landauern, Viktoria, Salzburger Schwimmerln, Doktor-, Jagd-, Taferl- und Turnierwagen, Chaise, Almkarren, Sulkis, Kaibe- und Gauwagerln – alle noch liebevoll von Hand gezimmert, gelackt, mit Leder oder gar Samt bespannt. Bunte Schleiferl tragen die Pferde in Mähnen und blitzendes Geschirr gebunden. Stolz in Tracht freuen sich die Fuhrleut', und auch all die anderen sind's zufrieden: Die Bergwacht, der der Erlös der Veranstaltung zufließt, die Einheimischen über lebende Bilder einer vergangenen Zeit, die Fremden über die heile Welt unseres Tales, und natürlich die Kinder, die aus dem Staunen nicht herauskommen.

1968 lud der Böck Thomas zum ersten Mal zum Roßtag ein. Im selben Jahr lebte auch dank seiner Initiative die am See geübte Tradition eines winterlichen Pferdeschlittenrennens wieder auf, das – je nach Schneelage – entweder Ende Dezember oder im frühen Januar durchgeführt wird. Auf dem Oval der Untersbergwiese, am Fuße des Wallbergs, findet das lustige Spektakel statt. Durch den Schnee stampfende, glöckchenklingende Pferde vor schwungvollen Barock-Goaßl-Schlitten, stoßweiser Atem der Tiere im Winterlicht, dahinter im Rund einheimische Originale, fesche Madln und farbenfrohe Schickeria. Kobaltblau wölbt sich der Himmel über tiefverschneiter Landschaft. Duftender Glühwein macht heiter und leicht. Später dann – nach ein paar Glaserln Enzian – läuft man zufrieden nach Hause zu Kaminfeuer und Weihnachtsgebäck. Ganz staad ist's jetzt draußen. Nur ein paar Asterl knicken unter der Schneelast. Wo Stunden vorher noch das Schnauben und Stampfen der Rösser, Musi und Mädchenlachen erklangen, ruhen schweigend nun der schwarze Wald und dunkelblau im Abendschatten das geliebte Tal.

Von Mönchen zum Jetset – Prominenz am Tegernsee

Wer zählt die vielen illustren Häupter, die dem Zauberblick des Sees und seinem Ambiente verfielen? Die Legende berühmter Namen will kein Ende nehmen. Vornehmlich nach der Säkularisation, als das bayerische Königshaus den Torso der geschichtsträchtigen Abtei erworben hatte und zu seiner Sommerresidenz erkor, fiel dem Tegernsee eine Sonderstellung unter den Seen des Voralpenlandes zu, die er bis heute beibehielt. Mitunter liest sich die Reihe derer, die an seinen Ufern als Gäste oder gar Ansässige weilten, wie ein kurzes Exposé bayerischer Kulturgeschichte.

Um eine Wiederholung des bereits gegebenen geschichtlichen Rückblicks zu vermeiden, möge eine kurze Aufzählung wichtiger Persönlichkeiten, die der Abtei ihre Aufwartung machten, die glänzende Tradition und Bedeutung des Konvents illustrieren. Seine Mauern beherbergten zum Beispiel den hl. Godehard, Kaiser Otto II., den deutschen König Heinrich II., Kaiser Friedrich I. Barbarossa, Minnesänger Walther von der Vogelweide, den humanistischen Universaldenker Nikolaus Cusanus, Vater Hans Georg und seine Söhne Egid Quirin und Cosmas Damian Asam.

Die eigentliche Karriere des Tegernseer Tales als Treffpunkt adeliger und bürgerlicher Prominenz begann freilich erst nach der Aufhebung des Klosters und mit dem Einzug der Wittelsbacher im Jahre 1817. Daß das bayerische Königshaus nicht nur die politische – wie dies selbstverständlich war –, sondern auch die künstlerische Elite um sich zu sammeln verstand, muß als besonderer Glücksumstand vermerkt werden.

Schon 1822 traf der bayerische König Max I. Joseph in Tegernsee mit Zar Alexander I. von Rußland und Kaiser Franz I. von Österreich zusammen, die seine Eloge auf die schönste Gegend seines Reiches mit Sicherheit nachzuempfinden wußten. In den Folgejahrzehnten versammelte sich der gesamte mitteleuropäische Hochadel zu festlichen Anlässen im Tal, wo man die hohen Gäste nicht nur durch erlesene Ausstattung der Residenzquartiere, sondern auch durch »Son et Lumière« am See zu begeistern wußte: da zauberten Hunderte bengalischer Fackeln riesige Schriftzeichen auf die Berghänge, Gipfelfeuer flammten auf, ein prächtiger Schiffskorso schmückte den See, preisende Chöre erklangen und Paganini begeisterte den höfischen Kreis mit seiner Musik. In Wildbad Kreuth nahmen 1838 Kaiser Nikolaus I. von Rußland mit seiner Gemahlin, später Kaiserin »Sissi« mit ihrem Gatten Franz Joseph ihre Kuraufenthalte, König Franz von Neapel besuchte des öfteren Rottach-Egern. Klangvolle Namen von Familien des Hochadels – wie Henckel – Donnersmarck, Radolin, Sayn-Wittgenstein – zeugen von höfischem Glanz. Dem Bannkreis des Monarchen folgend zogen sie an den See und erbauten dort ihre herrschaftlichen Häuser.

Schon am Ende des 18. Jahrhunderts hatten Wegbereiter der »Münchner Schule« die malerischen Reize des Voralpenlandes entdeckt und auf ihren Wanderfahrten das Tegernseer Tal lieben gelernt. So bezog Wilhelm von Kobell, Meister der oberbayerischen Landschaftsmalerei, hier Wohnsitz und schuf unvergeßliche Ansichten. Johann Georg von Dillis erstieg mit dem Skizzenblock den Roß- und Buchstein, Wilhelm Scheuchzer verfiel ebenso dem Zauber pastoraler Perspektiven wie Max J. Wagenbauer und Christian Morgenstern. Franz A. Nachtmann schließlich konterfeite die Interieurs der biedermeierlichen Räume des Schlosses, und den Gebrüdern Domenico und Lorenzo Quaglio, einem berühmten oberitalienischen Künstlergeschlecht entstammend, verdanken wir detaillierte Darstellungen des Tegernseer Trachtenlebens. Beide waren durch je sechs ihrer Bilder in der königlichen Sommerresidenz repräsentiert.

Unabhängig von den weitgehend miteinander befreundeten Münchner Malern fand auch der Zeichner Ludwig Richter nach leichtsinnig-tollkühner Wendelsteinbesteigung den Weg ins Tal. Seinen Hofportraitisten Josef Stieler hatte König Ludwig I. bereits 1829 dazu bewogen, am See ein Sommerhaus zu erbauen, zu dessen Gästen auch der Komponist Felix Mendelssohn-Bartholdy zählte. Es ist anzunehmen, daß der Maler hier einige seiner unvergänglichen biedermeierlichen Frauenbildnisse für die Schönheitsgalerie seines Mäzens vollendete.

Zusammen mit seinem berühmten Malerfreund Leibl verbrachte der Schriftsteller v. Perfall heitere Tage in der ursprünglichen Tegernseer Bergwelt; er hinterließ subtile Schilderungen des Brauchtums und Stimmungspastelle der Valepp des ausgehenden 19. Jahrhunderts. Der Dichter Karl Stieler, der das stille Haus auf der Tegernseer Point von seinem Vater Joseph übernommen hatte, wußte den Einheimischen durch viele unvergeßliche Mundartdichtungen zu gefallen. Erste Rückbesinnung auf das kulturelle altbayerische Erbe hatte bereits Herzog Maximilian – den »königlichen Zitherspieler« – dazu bewogen, eine Sammlung oberbayerischer Volksweisen anzulegen. Dieser Wittelsbacherschen Initiative fühlte sich auch der Mineraloge Franz von Kobell verpflichtet, der die Sammlung des Liedgutes weiterführte und beiläufig als erfolgreicher Autor reüssierte: die Gestalt des Tegernseer Brandner Kaspar, der den Tod zum Spiel überredet, um noch ein paar Jahre im schönen Tal leben zu dürfen, entstammt seiner Feder. Endgültige Bewahrung oberbayerischer Volksmusik vor dem Vergessen sicherte schließlich im 20. Jahrhundert der legendäre Kiem Pauli, dem die Hilfe des Königshauses durch Herzog Albrecht zuteil wurde.

Überaus strahlend schrieb sich das große Duo der bayerischen Heimatdichter um die Jahrhundertwende in die heimischen Annalen ein: Ludwig Ganghofer und Ludwig Thoma, die beide am Tegernsee lebten und auf dem Egerer Friedhof in Brudernähe ihre letzte Ruhestatt fanden. Ersterer hatte bereits 1895 in Tegernsee Quartier bezogen und sich dort der Abfassung vieler populärer Erzählungen und Romane gewidmet, während Ludwig Thoma die Fertigstellung seines geliebten Hauses auf der Tuften erst 1908 gelang. Als Gäste der beiden großen Literaten weilten im Tal u. a. der Verleger Albert Langen, die Redaktionsmitglieder der satirischen Zeitschrift »Simplizissimus«, der Maler Franz Stuck und die Dichterin Lena Christ. Gemeinsam verbrachte man bauernfröhliche Tarockabende und ging auf die Jagd. Thomas Freundschaft mit dem Gründer des »Großen oberbayerischen Bauerntheaters« Michl Dengg aus Rottach entsprang die Komödie »Erster Klasse«, die der Dichter wohl unter dem Eindruck der Tegernseer Privatbahn eigens für den begeisterten Volksschauspieler verfaßte. Weiterführung des Dengg'schen Lebenswerkes durch Bertl Schultes und Hans Dengel erhielten diese Tradition des Laientheaters bis heute am Leben. Zu den vielen Freunden und Bewunderern Thomas, die den Weg nach Tegernsee fanden, zählte auch der norwegische Karikaturist und Maler Olaf Gulbransson, der 1929 den Schererhof erwarb und den Einheimischen »nebenbei« als Pionier des Wintersports das Skifahren beibrachte. Seiner Frau Dagny, Enkelin des Dichters Björnson, verdankt die Stadt Tegernsee ein hübsches kleines Museum, das zu den Schätzen der Stadt zählt. Auch Gulbranssons Sohn Andreas Olaf hinterließ mit dem Bau der sich so harmonisch in die Berglandschaft einfügenden evangelischen Kirche in Rottach-Egern eine bleibende künstlerische Spur.

Selbst auf die Jünger der Musik übte der See seine magische Anziehungskraft aus. 1906 komponierte Arnold Schönberg während eines Rottacher Urlaubs seine Kammersymphonie op. 9. Im idyllischen Egern, das damals bereits von vielen Prominenten favorisiert wurde, fand der große Tenor Leo Slezak seine Heimat, während Bad Wiessee den jungen Wilhelm Furtwängler und den Komponisten Franz Grothe zu seinen Bürgern zählte.

Name reiht sich an Name; die Legende bedeutender Persönlichkeiten will nicht enden: Im Mutterhof über der Egerer Bucht schrieb Hedwig Courths-Mahler ihre überaus erfolgreichen Frauenromane; in Rottach lebten die Unterhaltungsschriftsteller Heinrich und Alexander Spoerl, der unvergessene Karl Alexander von Müller, der in der geschätzten Heimatzeitschrift »Das Tegernseer Tal« viele gültige Gedanken über diese Kulturlandschaft publizierte, und Mary Tucholsky, die Witwe des großen Dichters. Den Philosophen Ludwig Marcuse, August Macke, berühmtes Mitglied des »Blauen Reiter«, und den Dichter Kasimir Edschmid – sie alle einte die Liebe zu diesem schönen Fleckerl Erde.

Mit Ludwig Erhardt, Josef Ertl, Franz Josef Strauß erkoren sich auch Politiker unserer Zeit den Tegernsee zur Wahlheimat. Zu ihnen gesellen sich namhafte Persönlichkeiten des öffentlichen Lebens, wie Ärzte, Wissenschaftler, Schauspieler, und viele Exponenten des wirtschaftlichen und gesellschaftlichen »Jetsets«, auf deren Namensnennung verzichtet werden soll, um nicht den einen oder anderen durch seine Nichterwähnung unnötig zu vergrämen; die endgültige Antwort auf die Frage, wer von ihnen wirklich »bleibender« Prominenz zuzurechnen ist, wird einem Urteil aus geschichtlicher Distanz vorbehalten bleiben.

Bildteil

Die Anregung zu diesem Buch geht zurück auf die gemeinsam mit Hans Fährmann gestaltete Tonbildschau, die ebenfalls den Titel »Geliebtes Tegernseer Tal« trägt und in Rottach-Egern regelmäßig gezeigt wird.

Die folgende Bildauswahl, aus vielen Einstellungen sehr subjektiv getroffen, erhebt nicht den Anspruch, das Tegernseer Tal in seiner ganzen Vielfalt zu illustrieren. Dies ist in Anbetracht der »Motivinflation«, mit welcher sich jeder Besucher dieser berühmten Kulturlandschaft konfrontiert sieht, ohnehin nicht möglich. Ich habe versucht, hinter zeitlich fixierten und stetigem Wechsel unterworfenen Zufalls-Perspektiven der einzelnen Ortschaften und ihren Touristenattraktionen das Typische, Bleibende festzuhalten. Verzichtet wurde auf so manches »klassische Motiv«, dessen Konturen im Lauf der Zeit durch häufige Publikationen zum Postkarten-Klischee verschlissen wurden, zugunsten einer neuen fotografischen Gestaltung überkommener Blickwinkel. Dennoch enthält der Band auch eine Reihe bekannter und vertrauter Ansichten, so wie sie jedem, der in dieser Gegend geweilt hat, in der Erinnerung lebendig sind.

Wohl nirgendwo in Oberbayern verbinden sich kulturelles Ambiente und beeindruckende Landschaft zu einer derart dichten, harmonischen Einheit wie hier im Tegernseer Tal. Ich glaube, daß diesen beglückenden Einklang festzuhalten sich lohnt. Deshalb beansprucht die Abbildung der Menschen und ihres Brauchtums denselben Stellenwert wie die fotografische Bestandsaufnahme ihrer Heimat. Vergessen wir nicht: zusammen mit der geschundenen Natur drohen viele der farbenprächtigen, uns so bereichernden Kulturen unterzugehen. Allerorts ist die Einheitsfront eines gesichtslosen, alles nivellierenden Materialismus drauf und dran, letzte ethnologische Eigenarten zu vernichten und unsere Umwelt noch illusionsloser und ärmer zu machen. So gesehen ist es an der Zeit, dem zauberhaften Tegernseer Land und seinem blühenden Brauchtum ein kleines fotografisches »Denkmal« zu setzen.

R. Peter Bachhuber

Tegernsee

Tegernseer Schloß

St.-Quirinus-Klosterkirche in Tegernsee

St.-Quirinus-Klosterkirche in Tegernsee

Blick von Tegernsee nach Alt-Wiessee

Blick vom Lieberhof auf Alt-Wiessee

Vor dem Gewitter

Drachenflieger über dem Tal

Egerer Bucht mit Wallberg und Setzberg

St.-Laurentius-Kirche in Egern

Egerer Bucht mit Wallberg

Gutfelder-Hof mit Hirschberg

Dezemberabend am Egerer See

Malerwinkel in Rottach-Egern

Salitererhof in Rottach-Egern

Egerer Bucht

An der Weißach

Wallbergkircherl

Wallbergbahn

Blankenstein

Skiabfahrt in der Sutten

Kirchlein Mariae Heimsuchung in Glashütte

St.-Leonhard-Kirche in Kreuth

Hl.-Kreuz-Kirchlein in Wildbad Kreuth

In Siebenhütten

Bayr-Alm in der Langenau

Danzl-Hof in Scharling

Gumpen

Oktober in Wildbad Kreuth

Alt-Wiessee

Blick von der Prinzenruh auf Bad Wiessee

Alt-Wiessee

Kurpromenade in Bad Wiessee

Wiesseer Kurpromenade

Beim Bauern in der Au

Gmund

Gmunder Bauernland

St.-Ägidius-Kirche in Gmund an der Mangfall

In Kaltenbrunn

St. Quirin

Schinderkar

Riedersteinkircherl

Ringbergschloß

Wegkreuze im Wandel der Jahreszeiten

St.-Laurentius-Kirche in Rottach-Egern

Altar der Gmunder Pestkapelle

Fronleichnamsprozession in Kreuth

Gebirgsschützen am Leonhardi-Tag

Kreuther Leonhardifahrt

Mieder-Dirndln beim Kirchgang an Leonhardi

Schalkfrauen am Leonharditag in Kreuth

Roßtag in Rottach-Egern

Beim Almabtrieb

Marketenderin der Gebirgsschützen

Tegernseer Gebirgsschützen

Gebirgsschütz

Mogst a Stamperl?

Gebirgsschütz

Gebirgsschützen beim Patronatstag

Gmunder Schalkfrauen

Wiesseer Mieder-Dirndln

Hirschbergler Mieder-Dirndl

Wiesseer Maibaum

Beim Hirschbergler Waldfest

Leonhardstoana Madln

Wallberger Plattlergruppe

Leonhardstoana Tanzpaar

Beim Hirschbergler Waldfest

Leonhardstoana Mieder-Dirndln

Wiesseer Mieder-Dirndln

Wallberger Buam

Die Gemeinden des Tegernseer Tales

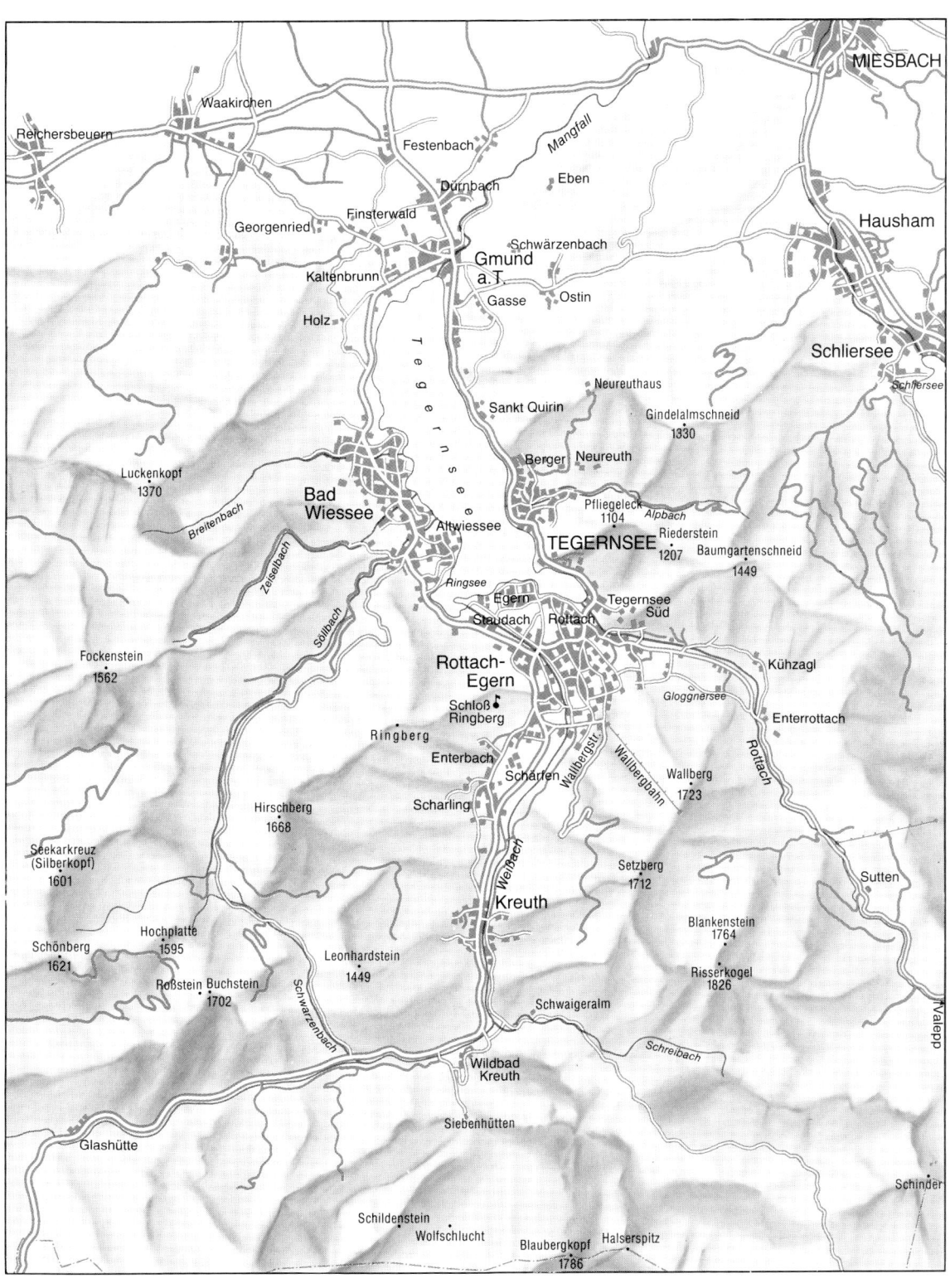

Tegernsee

Das Weichbild des heilklimatischen Kurortes am schmalen östlichen Seeufer gruppiert sich malerisch um die Reste der geschichtsstolzen Abtei und späteren Wittelsbacher'schen Sommerresidenz. Dank der weitgehend mit dem Geschick des Benediktinerstiftes verbundenen Geschichte und der frühzeitig erworbenen Infrastruktur mit Bahnstation, Busverbindungen, Schiffsanlegestellen, Ämtern und Kommunalbetrieben beanspruchte die heute 5000 Einwohner zählende Stadt lange Zeit den ersten Rang unter den Talgemeinden, den sie – zumindest kulturell – bis heute behaupten konnte. Dies belegt ein äußerst reichhaltiges Angebot an Theaterveranstaltungen (Ludwig-Thoma-Saal), Dichterlesungen (Thoma-Haus), Kirchenkonzerten der Kantorei und des Palestrina-Motettenchores, das alljährlich während der »Tegernseer Woche« seinen Höhepunkt findet. Gelungene Präsentation des heimischen Kunsthandwerks, Veranstaltungen des Gymnasiums, der Volkshochschule, Gulbransson- und Heimatmuseum verdienen gleichfalls das Interesse des Kunstfreundes. Sanatorien, eine jodhaltige Heilquelle mit umfangreichen Kureinrichtungen, ein Hallenbad mit Sauna,

Tegernseer Rathaus

Strandbäder und zauberhafte Wanderwege offerieren vielfältig nutzbare Aspekte eines gesundheitsorientierten Urlaubs, den mehrere Hotels mit insgesamt 2060 Gästebetten angenehm gestalten; jüngere Gäste wissen diverse Wasser-, Ski- und Eissportmöglichkeiten zu schätzen. Bei Alt und Jung gleichermaßen beliebt ist das über die Landesgrenzen hinaus bekannte Bräustüberl, dessen Besuch als überaus angenehme »Pflichtübung« gelten darf. Der prägnanten Wertung des Historikers Treitschke, der in Tegernsee all das vereinigt sah, »was altbairische Herzen liebten ...: ein Königsschloß, eine Kirche und ein Bräu« ist eigentlich nichts mehr hinzuzufügen.

Sehenswürdigkeiten:
Klosterkirche St. Quirin (s. Seite 35): Unter der klassizistischen Fassade vermag man das wahre Alter der bis ins 11. Jahrhundert zurückreichenden Basilika, die nur die Umfunktionierung zur Pfarrkirche vor den Spitzhacken der Säkularisation bewahrte, kaum noch zu ahnen. Leo von Klenze zerstörte leider – der Proportion des neu konzipierten Schlosses zuliebe – durch Kürzung die älteste Doppelturmfassade Bayerns. Ein älteres Barockportal, über dem eine Marmorplatte an die Stifter erinnert, geleitet durch die freskengeschmückte Vorhalle in das dreischiffige Gotteshaus, dessen Gesicht weitgehend dem 17. Jahrhundert zuzuordnen ist. Leider kann der Umbau des mittelalterlichen Prachtmünsters durch den Italiener Antonio Riva, der das Netz- durch ein Tonnengewölbe ersetzte, nur als teilweise geglückt bezeichnet werden; er sicherte Tegernsee keinen Rang unter den bedeutendsten Kirchen der Zeit. Dennoch weist das frühe Beispiel barocker Gestaltung durch italienische Künstler in Bayern dem Sakralbau einen hohen künstlerischen Wert zu. Insgesamt 24 spätgotische Altäre mußten damals 14 Altären weichen, von denen heute nur noch drei erhalten sind. Den reichen Freskenschmuck besorgte genial der große Kirchenmaler Johann Georg Asam, der den mirakelreichen Tod des hl. Quirinus, das Leben Jesu, die 14 Nothelfer, die Klostergründung, Freunde der Abtei und die hl. Familie bilderreich in Szene zu setzen wußte. Die krönende Kuppellegende blieb der puttenumjubelten Aufnahme der Kirchenväter in den Himmel vorbehalten. Neben dem reichen Kirchenschatz verdienen außerdem Figurinen der angebauten Quirinus-Seitenkapelle Erwähnung, die die künstlerische Handschrift von Johann Baptist Straub verraten.

Tegernsees Heimatmuseum lädt – nur wenige Schritte entfernt – im Süd-Westflügel des angrenzenden Schloßtraktes zu beschaulicher Rast ein. Eine Fülle vornehmlich mit der Geschichte des Benediktinerstiftes verbundener Asservate vermag die Bedeutung der Abtei, weiterer Fundus den Farb- und Formenreichtum heimischer bäuerlicher Kultur trefflich aufzuzeigen.

Tegernsee: Chor der Klosterkirche St. Quirin

Das Olaf-Gulbransson-Museum, unweit des Kurhauses der St.-Benediktus-Quelle, ehrt einen der berühmtesten Bürger der Stadt, der im Schererhof 1929 seine zweite Heimat fand. Dank der Initiative und großzügigen Schenkungen seiner Frau Dagny Björnson-Gulbransson konnte eine lückenlose Retrospektive des zeichnerischen Werkes Interessierten zugänglich gemacht werden.

Tegernsee: Ludwig-Thoma-Haus

Literaturbegeisterte werden sich einen Besuch der Häuser von Ludwig Thoma, Karl Stieler und Ludwig Ganghofer nicht entgehen lassen.

Wanderungen:
Mit wunderbaren Perspektiven belohnen zahlreiche Tegernseer Höhenwege die Mühe des Aufstiegs: Im Forst geht's übers Neureuth-Haus hinunter nach St. Quirin oder Gasse, aber auch weiter hinauf zur Gindelalmschneid mit Jausenstation; das Alpbachtal geleitet über den Prinzenweg zur Baumgartenschneid, zum Riederstein und wieder zurück über's Pfliegeleck ins Tal; den Zauber der Egerer Bucht erschließt eine Tour über den Leebergsattel, vorbei am Paraplui, bis zur Tuften und weiter zu den Cafés Angermaier und Kreuz.
So manche beschauliche Sonntagswanderung läßt sich mit einer der historischen Dampfzugfahrten, die während des Sommers mehrmals veranstaltet werden, nostalgisch-eindrucksvoll bereichern.

Nähere Auskünfte erteilt das Kuramt im Haus des Gastes
8180 Tegernsee, Hauptstraße 2, Tel. 08022/3985.

Rottach-Egern

Der bekannte Luftkurort mit 6000 Einwohnern zu Füßen des mächtigen Wallbergs entzückt jedermann durch die zauberhafte Lage an der intimen Egerer Bucht, deren »Malerwinkel« wohl zu den bekanntesten deutschen »Ferienperspektiven« gezählt werden darf. Das bereits im frühen Mittelalter urkundlich erwähnte Dorf, dem ein kleiner Bergfluß seinen Namen schenkte, sollte erst im 19. Jahrhundert aus seinem Dornröschenschlaf erweckt werden, als es von Familien des Hochadels und angesehenen Bürgertums im Gefolge der Wittelsbacher entdeckt wurde, die dort ihre Feriensitze erbauten. Zu einem mondänen Treffpunkt gesellschaftlicher Prominenz, die hier zahlreich Wohnung bezog, geriet es aber erst nach dem Zweiten Weltkrieg durch die Spitzenklasse seiner Hotels, die auch Rotary- und Lions-Club des Tegernseer Tales häufig zu ihren Meetings erwählen. Der betriebsame Doppelort wird von Jung und Alt gleichermaßen favorisiert und befriedigt mit kultivierten Gästehäusern, gepflegtem Kurbetrieb und eleganten Geschäften vor allem der Modebranche auch höchste Ansprüche. Hier kann ein jeder nach seiner Fasson selig werden: der Natur-

Kuranlagen in Rottach-Egern mit Max-I-Josef-Denkmal

liebhaber im Ambiente der harmonischen Wiesenlandschaft und stillen Bergforste ebenso wie der Nachtschwärmer im Trubel der Nightclubs. Dem Charme der Mixtur von Lederhosenstil und Jetset kann sich eigentlich keiner entziehen. 3600 Gästebetten in zahlreichen Hotels, Gasthöfen, Pensionen und Bauernhöfen, viele Sanatorien, Schönheitsfarmen, ein See- und Warmbad, der neuerbaute Kur- und Kongreß-Saal und ein Kino beinhalten die variantenreichen Möglichkeiten einer dem Fremdenverkehr optimal verbundenen Infrastruktur. Blühendes Brauchtum, Folklore, die Tradition des bäuerlichen Laienspiels bereichern das internationale Flair des

See- und Warmbad in Rottach-Egern

Die Gemeinden des Tegernseer Tales

exklusiven Ferienortes durch altbaierische Akzente. Dem kulturellen Angebot von Rottach-Egern mit Konzerten, Heimat- und Theaterabenden gesellt sich ein Kaleidoskop sportlicher Freizeitmöglichkeiten bei mit Strandbädern, Segel- und Bootsverleihen, Tennisplätzen, zwei Bergbahnen auf Wallberg und Sutten, der Panoramastraße auf das Wallbergmoos, vom Kuramt veranstalteten Heilpflanzenwanderungen und Hochtouren, einer Drachenflug-, Ski- und Langlaufschule, mehreren Skiliften, Eisplatz, gepflegter Loipe.

Sehenswürdigkeiten:

Die *Pfarrkirche zum hl. Laurentius* (s. Seiten 40+67) gilt unter Kennern als wohlgelungenes Beispiel bäuerlichen Barocks, zu dessen Schönheit viele Namenlose ihr Bestes beitrugen. Das im 15. Jahrhundert errichtete Gotteshaus, dessen südliche Außenmauer ein interessantes Fresko mit heimischem Bildinhalt zeigt, verbirgt seine spätgotische Bausubstanz im blatt- und früchtereichen Überschwang späterer Miesbacher Stukkierung und Malerei, deren farbliche Ausgewogenheit das Kirchenschiff äußerst harmonisch gestalten. Statt spektakulärer Kunstwerke erfreuen den stillen Betrachter ein berühmtes, rührendes Gnadenbild der Gottesmutter aus dem 16. Jahrhundert, das lange Zeit Ziel von Wallfahrten war, die skulpturenreiche Ausstattung dreier Altäre und Votivbilder der Sendlinger Mordweihnacht. Das Hochaltarblatt schuf Hans Georg Asam 1690.

Auf dem blumengeschmückten *alten Friedhof,* dessen schmiedeeiserne Kreuze die Kunstfertigkeit des hiesigen Handwerks verraten, fanden viele Prominente ihre letzte Ruhestätte: so u.a. Leo Slezak, Ludwig Thoma und Ludwig Ganghofer. Im Jahre 1508 entstand die am Nordeingang gelegene Totenkapelle.

Egern: Ev. Auferstehungskirche

Egern: Gnadenbild in St. Laurentius

Der von Andreas Gulbransson, dem Sohn des berühmten Zeichners, gestaltete Neubau der *evangelischen Auferstehungskirche* darf als geglückter Beleg moderner sakraler Architektur bezeichnet werden, dessen liebliche Proportionen sich harmonisch in die Berglandschaft einfügen. Unweit davon liegen Vater und Sohn Gulbransson auf dem neuen Friedhof begraben.

Wanderungen:

Entlang der Egerer Bucht schlendert man über den Schorn zum Ringsee, um durch den alten Ortsteil Staudach mit stattlichen Bauernhöfen und Grünland wieder zurückzukehren. Am Fuß des Wallbergs geleitet ein abwechslungsreicher Waldweg vorbei am kleinen Gloggnerweiher inmitten idyllischer Wiesen nach Enterrottach, das sich auch über den Rottachdamm und das stille Kühzagl bequem erreichen läßt. Von dort führt eine gebührenpflichtige Mautstraße, das Naturwunder der Rottacher Wasserfälle passierend, in die florareiche Sutten mit hübschem Moorsee und bewirtschafteten Gasthöfen. Das angrenzende Reich der Valepp bietet eine Fülle von Bergwandermöglichkeiten bis hinüber zu Firstalm, Spitzingsee und Erzherzog-Johann-Klause. Wallbergstraße und -bergbahn belohnen den Naturfreund mit herrlichem Panoramablick über den See und das benachbarte Alpengebiet und dienen als Ausgangspunkt für lohnende Touren bis hinüber zu Plankenstein und Risserkogel, deren Mühe Jausenstationen »versüssen«. Auch eine Wanderung auf den Riederstein, die sich mit der Besichtigung des Tegernseer Salitererhofes und Thomahauses lohnend verbinden läßt, und ein Spaziergang in die Kreuther Weißachauen mit ihrem Blütenwunder gehören zur obligaten Pflicht eines jeden Rottacher Urlaubers.

Nähere Auskünfte erteilt das Kuramt 8183 Rottach-Egern,
Nördliche Hauptstraße 9,
Tel. 08022/26740

Kreuth

Am Südende des Tales kurz vor der Tiroler Grenze gelegen, begeistert der Luftkurort mit 3900 Einwohnern seine Besucher – ähnlich wie Gmund – durch weitgehend intaktes bäuerliches Kulturland und ein schier unerschöpfliches Angebot an Wanderungen und Bergtouren rund um das Auland der Weißach zwischen Wallbergflanke, Hirschberg, Leonhardstein und der abschließenden Blaubergkette. Die Gemeinde Kreuth verfügt in mehreren Hotels, Gasthöfen und Pensionen ihrer 17 Ortschaften über etwa 1500 Übernachtungsmöglichkeiten.

Das riesige Kommunalareal von 120 Quadratkilometern zwischen Ringsee und Glashütte umfaßt größtenteils Forstgebiete mit Bergland und stellt während des Sommers für die Bewohner der anderen, mit Gästen vollbelegten Talgemeinden bereits eine Art

Die Gemeinden des Tegernseer Tales

Naherholungsgebiet dar. Noch immer nahezu unversehrt präsentiert sich die Struktur der Dorfgemeinde, die in der Mitte der 70er Jahre den größten Zuzugsquotienten des Tegernseer Tales zu verkraften hatte. Die Originalität des Brauchtums der 800 Jahre alten Gemeinde, das u. a. von den Trachtenvereinen der »Hirschbergler« und »Leonhardstoana« mit Hingabe gepflegt wird, ist in ganz Oberbayern berühmt. Volksmusik als Kiem Paulis Vermächtnis, Laienspiel, Almkirta: hier ist eben alles noch lebendig, was anderswo längst der Vergangenheit angehört. Zahlreichen, vorwiegend dem Brauchtum verbundenen Heimatabenden gesellt sich ein reiches Angebot an Sport- und Freizeitmöglichkeiten bei. So verfügt Kreuth über einen Campingplatz, ein Freibad, Tennis- und Squashmöglichkeiten, Schießstätte, Skilifte und Skischulen, Langlaufloipen und eine Rodelbahn.

Wildbad Kreuth: Biedermeierflachbau und Hl.-Kreuz-Kirche

Sehenswürdigkeiten:
Kreuths *Pfarrkirche zum hl. Leonhard* (s. Seite 52), 1184 im Auftrag der Tegernseer Abtei errichtet, erfuhr 1490 ihre Umgestaltung in die heutige Form. Zu schlichtem, weißgekalktem Mauerwerk mit ordnender Netzgratstruktur setzt eine Komposition bewegter Schnitzfiguren goldene Akzente, die dem schmalen Kirchenschiff seinen intimen, feierlichen Ernst verleihen. Bedeutung sichert dem Gotteshaus freilich nicht der bescheidene kunsthistorische Stellenwert, sondern die ungebrochene Tradition seines Patroziniumsfestes am 6. November, das alljährlich Dutzende prächtig geschmückter Pferdegespanne zur ältesten Leonhardifahrt Bayerns versammelt.

Die *Hl.-Kreuz-Kirche* von Wildbad Kreuth (s. Seite 53) mit expressiver Kreuzigungsgruppe verdankt ihre grazilen Proportionen einem Neubau im Jahre 1706. Seit 1511 hatte dort bereits eine Kapelle bestanden, neben der ein einfaches angegliedertes Badehaus die Nutzung der nahen, heilkräftigen Mineralquelle gestattete, die den Raiblerschichten des Kalkalpins am Fuße des Hohlensteins entspringt.
Der sich anschließende *Biedermeierflachbau,* 1820 von den Wittelsbachern erstellt und in der Folgezeit zum bedeutenden Kurbetrieb entwickelt, zählte in der Mitte des 19. Jahrhunderts eine Reihe illustrer Persönlichkeiten zu seinen Gästen. Leider brach 1971 ein Brand die Tradition des beliebten Sanatoriums, das seitdem der CSU-nahen Hanns-Seidel-Stiftung als Schulungszentrum dient.
Das *Kirchlein Mariae Heimsuchung* in Glashütte (s. Seite 51) entstand 1698 während der letzten lebhaften Bautätigkeit des Tegernseer Klosters in der Barockzeit. Der kleine Sakralbau überrascht durch kunstvolle Innenausstattung, einen zierlichen Altar und die fast lebensgroße Holzskulptur einer würdevollen Madonna der Spätgotik.
Erwähnung verdient das über dem Tal thronende *Ringbergschloß* (s. Seite 64), neuzeitlicher Beleg für die ungebrochene Baulust der Wittelsbacher, dessen große Anlage mehrere Stilrichtungen in sich vereint. Der umfangreiche Bau mit allegorischem, zeitgenössischem Freskenschmuck gelangte durch Schenkung in den Besitz der Max-Planck-Gesellschaft, die ihn zu Tagungen nutzt.

Kreuth: Pfarrkirche zum hl. Leonhard

Glashütte: Mariae Heimsuchung

Wanderungen:
Die Weißachauen zwischen Kreuth und Rottach-Egern begeistern alljährlich den Naturfreund durch ihre überschwengliche Frühlingsflora mit Tausenden von Enzianglöckchen, Mehlprimeln und Silberwurzblüten; ein Waldlehrpfad auf dem Damm des begradigten Bergflusses erklärt Sträucher und Bäume. Weitere lohnende Spaziergänge führen in das idyllische Wiesenareal um Scharling mit seinen prächtigen Bauernhöfen, über Wildbad Kreuth nach Siebenhütten und weiter in die grandiose Wolfsschlucht, von der Schwaigeralm in die Langenau zu Thomas Lieblingsalm, dem »Boaraibe«, und durch das Schwarzenbachtal ins Reich der Schwarzen Tenn mit ihrem faunareichen Hochmoor. Bergtouren erschließen den heimischen Hirschberg, die Korallenrifftürme des Leonhardsteins und des almenträchtigen Roß- und Buchsteins, dessen Aufschlüsse Fossiliensammlern reiche Funde versprechen. Über Geis- und Königsalm läßt sich bequem der Schildenstein bezwingen; eine Begehung des anschließenden Blauberggrates sollte allerdings Geübten und nur bei bester Witterung vorbehalten bleiben. Schließlich verwöhnt Bergwanderer wie Badelustige gleichsam das Zauberreich der Wasserl um Glashütte mit vielen versteckten »Gumpen«; die bekanntesten dieser Naturbadewannen, deren Zugang nicht immer gefahrlos ist, bietet der Großweißbach.

Nähere Auskünfte erteilt das Kuramt 8185 Kreuth, Nördl. Hauptstraße 14, Tel. 08029/1044

Bad Wiessee

Das attraktive Heilbad mit Weltruf, die jüngste der Talgemeinden am Westufer des Tegernsees, zählt etwa 5000 Einwohner. Die Karriere des großzügig konzipierten Kurortes begann erst um die Jahrhundertwende, als holländische Ingenieure auf den Spuren des seit 1441 genutzten St.-Quirinus-Öls, das man als reines Naphtha identifiziert hatte, nach Erdöl bohrten und dabei auf eine Quelle starker Schüttung stießen. Schnell erkannten Wissenschaftler die Einzigartigkeit der chemischen Zusammensetzung des Mineralwassers und empfahlen seine Anwendung in heiltherapeutischem Rahmen. Sein Indikationsgebiet umfaßt u. a. Kreislaufbeschwerden, Altersleiden, Erkrankungen der Atemwege und des rheumatischen Formenkreises. Um das Herz des Jod- und Schwefelbades mit seiner Überfülle an Kureinrichtungen gruppiert sich reich an Grünanlagen die attraktive Gemeinde mit einem Angebot von 6000 Fremdenbetten in mehreren Komforthotels, Gasthäusern, Pensionen und Ferienwohnungen.
Vorzügliche Sanatorien und Kliniken, aber auch Kosmetiksalons und Schönheitsfarmen ergänzen die gesundheitsorientierte Palette des Wiesseer Kurangebotes; gute Restaurants, ein Hallenbad, Kurpromenade mit Pavillons, 60 Kilometer gepflegte Höhen- und Waldwege schaffen optimale Voraussetzungen für einen gelungenen Urlaub. Vor der Traumkulisse des Tegernsees, dessen Ufer hier voll zugänglich sind, genießt man die Kurkonzerte des Symphonieorchesters, spielt Gartenschach, macht eine Ruderpartie oder geht zum Schwimmen in eines der Strandbäder. Viele kulturelle Veranstaltungen, Theater- und Heimatabende versprechen ebenso Kurzweil wie der Besuch der bekannten Spielbank; bunte Akzente des Brauchtums setzt der Volkstrachtenverein. Daß das Wiesseer Flair nicht nur von den Bedürfnissen seiner Senioren geprägt wird, dafür sorgt ein reichhaltiges Spektrum an sportlichen Freizeitmöglichkeiten. Neben einem exklusiven, wunderschön gelegenen Golfplatz (18 Löcher), Reitmöglichkeit, Segel- und Ruderbootverleih und Tennisplätzen verdient vor allem das Wintersportangebot lobende Erwähnung mit Liften und gepflegten Loipen. Seit einigen Jahren darf sich Bad Wiessee zu den Ausrichtern eines Weltcupslaloms zählen, der alljährlich die Skiasse Europas am Sonnenbichlhang versammelt. Nicht weniger spektakulär gestaltet sich bei optimaler Witterung das bekannte Hundeschlittenrennen.

Sehenswürdigkeiten:
Ohne eigentliche geschichtliche Tradition, vermag Bad Wiessee nicht wie die anderen Schwestergemeinden mit künstlerischen »Leckerbissen« aufzuwarten.
Seine katholische *Pfarrkirche zu Mariae Himmelfahrt* (20. Jahrhundert) verdient jedoch schon ihrer hübschen exponierten Lage wegen einen Besuch, der sich mit der Besichtigung von Alt-Wiessee verbinden läßt. Dort bezau-

Bad Wiessee: Pfarrkirche Mariae Himmelfahrt

bert hübsches bäuerliches Grünland um stattliche Bauernhöfe mit altbaierischen Perspektiven. Ähnlich unversehrt hat sich die Idylle von Holz mit ihrem Schatz an Gehöften in die moderne Zeit gerettet.

Wiessees Domäne, das *Jod- und Schwefelbad*, erschließt dem Interessierten eine Fülle sehenswerter Details: da sind die beiden Pumphäuser der König-Ludwig-III.- und Wilhelmina-Quelle zu nennen, deren technische Ausstattung großartige Planung verraten; aber auch all die anderen medizinischen Einrichtungen, die die Anwendung des Heilwassers in verschiedenster Applikationsform erlauben, wie Wannen-, Teil-, Besprühungsbäder und Inhalationen.

Bad Wiessee: Jod- und Schwefelbad

Wanderungen:
Gemütliche »Hatscher« führen hinauf zum Golfplatz, zu Freihaus und Sonnenbichl, nach Holz: auf die Aussichtsterrassen Wiessees. Reichen botanischen und geologischen Schatz bescheren die lauschig-schattigen Seitentäler des Kurortes. Spaziergänge durch die Gründe des Breiten-, Zeisel- und Söllbaches lassen sich nach Stärkung in einer der Restaurationen (wie Aueralm, Söllbachklause, Bauer in der Au) genußreich mit eindrucksvollen Bergtouren verbinden: so zum Fokkenstein und dem Seekarkreuz.

Nähere Auskunft erteilt das Kuramt 8182 Bad Wiessee, Adrian-Stoop-Str. 20, Tel. 08022/82051

Gmund

Hübsch schmiegt sich der Kurort – nördliche Eingangspforte des Tegernseer Tales – an den Hang der eiszeitlichen Endmoräne, der in seinen durch die Gemeindegebietsreform zugesprochenen Sprengeln Dürnbach, Moosrain, Finsterwald, Festenbach, Eck, Ostin und St. Quirin über ein riesiges Areal mit 6400 Einwohnern verfügt. Seine Gäste schätzen vor allem die dörfliche Beschaulichkeit und »heile Welt« der über 70 bewirtschafteten Höfe mit berückendem, bäuerlichem Wiesenplan und die Vielfalt romantischer Wandermöglichkeiten durch idyllisches Hügelland rund um die Mangfall und im Forst der Neureuth. Mit ca. 1100 Touristenbetten und wenigen Hotelbetrieben nimmt sich das Fremdenverkehrspotential Gmunds im Vergleich zu dem anderer Talgemeinden eher bescheiden aus. Wachsendes Interesse verzeichnet jedoch der »Urlaub auf dem Bauernhof«, der Einblick in das noch funktionierende Landleben des über 900 Jahre alten Ortes schenkt, dessen blühendem Brauchtum sich eine »Gebirgsschützenkompanie und der Trachtenverein »D'Neureuther« verpflichtet fühlen. Neben Heimat- und Tanzabenden verspricht ein buntes Freizeit- und Sport-

Gmund: St. Ägidius

angebot Abwechslung, die zwei Strandbäder, eine bekannte Segel- und Surfschule, Reit- und Tennismöglichkeiten, ein Campingplatz, sowie kleine Skilifte und gepflegte Loipen garantieren.

Gmund, mit eigenem Bahnhof und Schiffsanlegestellen, hat – bedingt durch seine Lage am Schnittpunkt der B 307 und der Verbindungsstraße von Tölz nach Schliersee – an manchen Sonntagen leider die Hauptlast starken Ausflugsverkehrs zu tragen, der den Gmunder Berg als Eingangspforte in das Tegernseer Tal passieren muß. Für diesen Wermutstropfen entschädigt der hübsche Ort aber seine Gäste überreich durch die Rarität eines nahezu unverbauten Seeufers, dessen Perspektiven zu den allerschönsten dieser Landschaft zählen. Seiner extern im Mangfalltal gelegenen biologischen Kläranlage, der die Ringkanalisation des Tales verbunden ist, kommt eine Schlüsselfunktion für die weitere Bebauung der Tegernseer Gegend zu. Zwei ebenfalls außerhalb des Seebereiches gelegene, renommierte Papierfabriken bieten wichtige, vom Fremdenverkehr unabhängige Arbeitsplätze für die einheimische Bevölkerung.

Sehenswürdigkeiten:
Die *Pfarrkirche St. Ägidius* (s. Seite 60), Nachfahrin der Urpfarre St. Michael, deren Geschichte bis in 11. Jahrhundert zurückreicht, wurde nach einem Brand von Lorenzo Sciasca zwischen 1688 und 1693 errichtet und mit Stukkatur versehen. Sie gilt neben der Klosterkirche Tegernsee als eines der ersten Beispiele für italienischen Barock in Oberbayern. Den Hochaltar, der ursprünglich einmal im Münster der nachbarlichen Abtei gestanden hatte, ziert ein Gemälde Johann Georg Asams. Beachtung verdienen zahlreiche wertvolle Schnitzfiguren, so eine spätgotische Madonna, ein von Thomas Hürnle 1692 geschaffener St. Michael, das Holzrelief des Barmherzigen Samariters aus der Hand Ignaz Günthers und drei Tafelbilder des 15. Jahrhunderts.

Die *Pestkapelle* am Westrand des Friedhofes, 1635 als Einlösung eines Gelübdes erbaut, verdient den Besuch des Kunstfreundes wegen ihres vergoldeten Renaissance-Schnitzaltares des